BIBLIOTHÈQUE NATIONALE

CICÉRON

DE LA RÉPUBLIQUE

PARIS
Librairie de la BIBLIOTHÈQUE NATIONALE
N. CAMUS, Éditeur
Passage Montesquieu, 5, rue Montesquieu
PRÈS LE PALAIS-ROYAL

Alfieri. De la Tyrannie.... 1
Arioste. Roland furieux.. 6
Beaumarchais. Mémoires. 5
— Barbier de Séville.... 1
— Mariage de Figaro.... 1
Beccaria. Delits et Peines. 1
B. de St-Pierre. Paul et Virginie. Chaumière indienne.................. 1
Boileau Satires. Lutrin.. 1
— Art poétique. Epitres.. 1
Bossuet. Orais. funèbres.. 2
— Disc. sur l'Hist. univ. 3
Boufflers. Œuv. choisies. 1
Brillat-Savarin. Physiologie du Goût 2
Buffon Discours sur le Style. Etude sur l'Histoire naturelle. Les Epoques de la Nature. Sur la Conservation des Forêts 2
Byron. Corsaire. Lara.... 1
Catulle, Poésies. — *Perse*, Satires.................. 1
Cazotte. Diable amoureux. 1
Cervantes. Don Quichotte. 4
César. Guerre des Gaules. 1
Chamfort Œuv choisies.. 3
Chapelle et Bachaumont. Voyages amusants...... 1
Chateaubriand. Atala. René..................... 1
— Le Dernier Abencerage. Les Martyrs (Extraits). 1
Cicéron. De la République. 1
— Catilinaires. Discours. 1
— Discours contre Verrès. 3
— Harangues au Peuple et au Sénat... 1
Collin d'Harleville. Vieux Célibataire M. de Crac. 1
Condorcet Vie de Voltaire 1
— De l'Esprit humain.... 2
Corneille Le Cid Horace. 1
— Cinna. Polyeucte...... 1
— Rodogune. Le Menteur. 1
— Nicomède. Pompée.... 1
Cornélius Népos. Vies des grands Capitaines...... 2

Courier (P.-L.). Chefs-d'œuv 2
— Lettres d'Italie... 1
Cyrano de Bergerac Œuv. 2
D'Alembert Encyclopédie 1
— Destruct. des Jésuites. 1
Dante. L'Enfer........... 2
— Le Purgatoire........ 1
— Le Paradis.. 1
Démosthène. Philippiques et Olynthiennes........ 1
Descartes. La Méthode.. 1
Desmoulins (C.) Œuvres. 3
Destouches. Philosophe marié. Fausse Agnès... 1
Diderot Neveu de Rameau 1
— La Religieuse......... 1
— Romans et Contes..... 2
— Paradoxe du Comédien. 1
— Mélanges philosophiq. 1
— Jacques le Fataliste... 2
Duclos. Sur les Mœurs... 1
Dumarsais. Essai sur les Préjugés.............. 2
Dupuis. Origine des Cultes. 3
Epictète. Maximes 1
Erasme. Eloge de la Folie.
Euripide. Iphigénie à Aulis Hippolyte......... 1
Fénelon. Télémaque..... 3
— Education des Filles.. 1
— Disc. à l'Académie. Dialogues sur l'Eloquence. 1
Florian. Fables.... 1
— Galatée. Estelle....... 1
— Gonzalve de Cordoue.. 2
Foë. Robinson Crusoé ... 4
Fontenelle. Dialogues des Morts. Jugement de Pluton................ 1
— Pluralité des Mondes. 1
— Histoire des Oracles.. 1
Gilbert. Poésies......... 1
Gœthe. Werther 1
— Hermann et Dorothée. 1
— Faust 1
Goldsmith. Le Ministre de Wakefield............. 2
Gresset Vert-Vert. Carême impromptu. Méchant. Le-

DE LA RÉPUBLIQUE

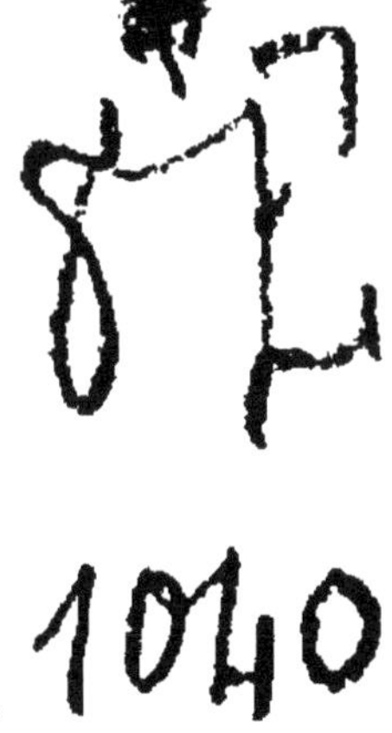

BIBLIOTHÈQUE NATIONALE

COLLECTION DES MEILLEURS AUTEURS ANCIENS ET MODERNES

CICÉRON

DE
LA RÉPUBLIQUE

TRADUCTION NOUVELLE

PAR VICTOR POUPIN

PARIS
LIBRAIRIE DE LA BIBLIOTHÈQUE NATIONALE
PASSAGE MONTESQUIEU (RUE MONTESQUIEU)
Près le Palais-Royal

1911

Cicéron, orateur, historien, homme d'État, jurisconsulte et philosophe, — un génie! — écrivit dans toute la force de sa maturité, dans tout l'éclat de son talent, cet admirable traité : *De la République.*

On savait, par les lettres du Maître, que ce livre était son œuvre de prédilection, et son chef-d'œuvre, au jugement unanime de ses contemporains.

On savait, — grâce aux quelques phrases qui nous étaient parvenues, grâce à ce fragment, *le songe de Scipion,* que Macrobe le commentateur nous légua tout entier, — l'élégance, la pureté, le charme littéraire de cet ouvrage.

On savait quelles hautes questions de morale et de politique l'illustre Romain avait abordées dans ces entretiens, épanchant sa grande âme en flots d'éloquence, de sagesse, d'harmonie, proclamant cette loi des lois divines et humaines, le libre arbitre de l'homme, la liberté du citoyen.

Et c'étaient précisément ces leçons viriles, — sorte de testament public écrit aux trois grandes étapes de sa vie : le triomphe, l'exil, puis la retraite si douce au sage, — c'étaient là ces maximes salutaires dont la postérité, pendant si longtemps, devait porter le deuil!

Cicéro, Marcus Tullius, né d'une obscure famille de chevaliers, l'an 106 av. J.-C., dans le bourg d'Arpinum, dès l'enfance s'était donné tout entier à l'étude, et presque adolescent encore, mais déjà célèbre par son plaidoyer pour Roscius, il inaugurait sa vie politique par la questure en Sicile.

Après dix nouvelles années de labeurs, de luttes, de succès, en même temps que ses vertus publiques et privées, son rôle comme citoyen, comme magistrat, allait aussi grandissant, et ce fils de sa volonté, augure, consul, dictateur, trouvait dans son amour de la liberté, dans son dévouement au salut commun la force de déjouer la formidable conspiration de Catilina.

Puis à cette existence, si pleine déjà d'enseignements, il ne devait pas manquer la consécration du malheur. Banni de Rome après le triomphe de Clodius, frappé dans ses plus chères affections de famille, plus tard partisan de Pompée contre César victorieux, plus tard encore, et quoique au seuil de la vieillesse, embrassant la cause d'Octave qu'il croyait moins dangereux pour la république, ce «Père de la Patrie» est à l'âge de 64 ans, sur l'ordre d'Antoine.

Mais cette mort, non moins que sa vie, si ferme et si digne, ne devait pas être stérile, et Cicéron, acceptant pour ses croyances un baptême de sang, eut la joie de servir une fois encore d'exemple à ses concitoyens, lui qui avait tout senti, tout compris, tout dit de ce qu'il y avait alors de noble à comprendre, à sentir et à dire, soit dans ses harangues vengeresses, *Verrines*, *Catilinaires*, *Philippiques*, soit dans ses lettres intimes et si tendres, soit dans ses livres de rhétorique débordant d'érudition, soit dans ses merveilleuses conceptions de morale et de philosophie, *les Devoirs*, *les Biens et les Maux*, *la Nature des dieux*, *les Tusculanes*.

Sans doute pour le traité *de la République* comme pour ces autres ouvrages, les copies furent nombreuses à l'origine; mais, quand les Césars eurent triomphé, on devine sous quel silence de mort la peur et la servilité voulurent étouffer, à tout prix, ce grand souvenir de la Rome républicaine.

Parmi les écrivains de l'empire, Sénèque, Pline, Suétone, et deux siècles plus tard Lampride, sont les seuls qui fassent mention de cette

(1) Arpinum et Formies font aujourd'hui partie de la province de Naples.

œuvre : puis si rapide est la décadence de la civilisation païenne et de la littérature latine, qu'il ne s'agit bientôt plus de la discussion d'une idée, d'une citation même tronquée, mais d'une métaphore heureuse, mais d'une tournure grammaticale, pour lesquelles des scoliastes, Diomède, Nonius ou Fronton, rappellent soit une prosopopée, soit une ellipse du grand penseur.

Le christianisme, heureusement, grandissait alors au milieu de la persécution, cherchant partout des arguments contre l'oppression, contre l'injustice, et bientôt Lactance, bientôt saint Augustin, les premiers, allaient sauver du naufrage quelques pages de Cicéron, valeureux athlètes d'une société nouvelle empruntant leurs armes au vieux lutteur accablé, tant il est vrai que certains droits sont imprescriptibles et certaines aspirations éternelles.

Boèce et Priscien, Isidore, qui écrit au septième siècle après J.-C., font mention de cette œuvre, mais les traces en deviennent de plus en plus rares, au milieu de toutes les misères du moyen âge : Gerbert, au dixième siècle, Jean de Salisbury, Vincent de Beauvais, Pierre de Blois et Pierre de Poitiers, les savants théologiens, semblent encore en avoir eu connaissance, puis enfin, au treizième siècle, Roger Bacon renonce à tout espoir de retrouver l'un de ces manuscrits.

monument; toutefois la Renaissance n'est pas plus heureuse dans ses recherches : Pétrarque échoue, Poggio échoue, le cardinal Polus échoue, et Ramus, soupçonnant que le sujet de l'ouvrage peut être un obstacle à sa découverte, se demande s'il ne serait pas, « ainsi qu'on le dit, par gens trop scrupuleux en matière d'Etat, retenu dans l'ombre et sous clef, comme des *livres sybillins.* »

La gloire de cette découverte devait, en partie du moins, appartenir au dix-neuvième siècle, et en effet, après la tentative plus ingénieuse que satisfaisante du savant Bernardi, le cardinal Angelo Mai, gardien de la Bibliothèque ambrosienne, eut le bonheur de retrouver en 1822, sur un palimpseste du quatrième siècle, — manuscrit en parchemin dont l'écriture première avait été grattée, lavée, puis surchargée, mais que des procédés chimiques firent renaître, — un tiers environ de ces beaux dialogues, ensevelis sous un commentaire des Psaumes.

C'est d'après ce texte que M. Villemain donna bientôt sa magnifique traduction et ses savantes analyses, résurrection merveilleuse de l'œuvre et du siècle de Cicéron, et qui rendent ces deux noms désormais inséparables dans les Lettres.

Cette double publication ne fut pas seulement une fête de l'intelligence pour les érudits ; ce fut un enthousiasme du cœur, un enthousiasme général, à la lecture de ce modèle de philosophie historique, de philosophie politique. On admira cet Apôtre du Devoir exprimant avec une telle modération de langage, mais avec un esprit de liberté si scrupuleux, les thèses qui faisaient alors l'entretien, l'allusion de chaque jour, dans l'Europe moderne, le principe d'une justice abstraite supérieure à la force et inviolable à la toute-puissance, l'axiome éternel : « Pas de droit contre le Droit, » cette nécessité d'une règle d'équité suprême, indépendante de la tyrannie de tous ou du despotisme d'un seul.

L'impulsion donnée, d'autres savants se mirent à l'œuvre ; en Allemagne, les Moser, les Osam, les Halm ; en France, J. Liez, Victor Leclercq, Talbot, E. Charles, les uns trouvant un mot, les autres reconstruisant une phrase, tous espérant combler une lacune, tous pouvant répondre à la critique de leurs efforts trop souvent infructueux : « Poussière, soit! mais pieux hommage d'un artiste qui, de la plus belle des statues brisée par le temps, voudrait recueillir jusqu'aux derniers débris. » D'ailleurs, l'espérance n'est-elle pas permise encore, et le chanoine Antonio Biffi, en Italie, ne vient-il pas de découvrir, tout récemment, quelques pages inédités du Maître?

Le premier livre est presque complet aujourd'hui : dévouement à la patrie, apologie de la vie politique, discussion sur les principaux éléments de la constitution des peuples.

Une admirable peinture de l'ancienne république romaine, depuis son origine jusqu'à l'établissement des décemvirs, comme aussi d'intéressantes digressions sur les cités de la Grèce, remplissent le second livre, que le temps a moins respecté.

Cicéron, de son troisième livre, où malheureusement existent des lacunes si regrettables, avait fait le plus magnifique plaidoyer en faveur de l'existence, de la nécessité de la justice, et terminait par un portrait du bon citoyen. Hélas! sous les noms de crise politique, de raison d'État, de machiavélisme, cette thèse d'une jusfice absolue dans les gouvernements trouve encore assez de contradicteurs, assez d'adversaires pour être toujours un problème palpitant.

Les livres IV et V ont presque entièrement disparu, mais certaines phrases, quoique mutilées, permettent de préjuger d'un intérêt capital.

D'abord, quelques considérations métaphysiques sur les mystères de l'existence humaine; un examen de l'éducation domestique et publique ainsi que des liens de famille ; des regrets à propos de l'envahissement du luxe, un dialogue sur la censure, la satire, le théâtre ; enfin l'explication et l'apologie des vieilles mœurs romaines.

Venaient alors les questions d'organisation civile, l'impôt, l'emploi de la fortune publique, les différents degrés de magistrature et les formes diverses de juridiction, suivies d'une étude, probablement fort détaillée, du Senat et de la politique extérieure.

Consacré sans doute aux institutions religieuses, le sixième livre devait avoir pour conclusion ce magnifique morceau qui seul nous en est resté, *le songe de Scipion*, dans lequel, pour couronner son œuvre, Cicéron, appuyé d'un côté sur Aristote, de l'autre sur Platon, proclame l'unité divine et l'immortalité de l'âme !

Tels sont les problèmes sociaux, politiques et religieux, auxquels notre génération, elle aussi, ne peut rester indifférente au milieu de l'impatience de certaines doctrines, en face de la lassitude ou du découragement de certains hommes, alors que tout semble annoncer dans un avenir prochain de grandes épreuves et de grands triomphes.

Préparons-nous donc, à l'exemple de Cicéron, — aujourd'hui que la presse peut non-seulement éterniser, mais populariser les sublimes créations de l'esprit humain, — préparons-nous, par de semblables études, au rôle actif que tout citoyen doit remplir dans l'État.

Lisons ces pages antiques, si pleines de jeunesse, où l'illustre Romain a pu se tromper sur l'application de ses doctrines, mais dans lesquelles il cherche de si bonne foi la vérité, appelant à lui toutes les nobles pensées, toutes les nobles actions.

Relisons cette œuvre qui nous crie, à travers dix-huit siècles, que le sentiment profond du devoir, l'instinct rapide de l'honneur, le mépris des intérêts personnels, le courage du sacrifice font seuls les hommes dignes de la liberté, si la liberté, seule, fait les gouvernements dignes de pareils défenseurs.

Oui, lisons et relisons, en attendant l'heure bénie de toutes les libertés, de toutes les vertus, lisons et relisons cette œuvre dans laquelle resplendit la morale universelle, où revivent à jamais l'âme d'un honnête homme, l'éloquente philosophie d'un écrivain et d'un orateur illustre, l'exemple d'un grand citoyen !

Victor POUPIN.

LIVRE PREMIER

DE LA RÉPUBLIQUE

LIVRE PREMIER

.... *Sans l'amour de la patrie,* Duillius, Attilius, Métellus n'affranchissaient pas Rome de la terreur de Carthage; sans l'amour de la patrie, les deux Scipions n'auraient pas éteint dans leur sang, à son début, l'incendie de la seconde guerre punique, et quand le fléau se réveilla plus terrible encore, Fabius n'aurait pu ralentir ses progrès, ni Marcellus les étouffer; sans l'amour de la patrie, l'Africain, arrachant l'ennemi de nos portes, ne l'eût point refoulé jusque dans ses propres murailles!

Caton, citoyen d'abord inconnu, homme nouveau, Caton, notre modèle à tous, ambitieux de la même gloire acquise par les mêmes travaux et la même vertu, n'était-il pas libre de se complaire aux loisirs de Tusculum, dans sa retraite sans dangers, à quelques pas de la lutte? Mais non, cet insensé, *s'il faut en croire la sagesse d'Épicure*, préféra, lorsque rien ne l'y contraignait, à la vie la plus douce dans le calme et le repos, ce flux et ce reflux des tempêtes publiques venant l'assaillir jusqu'à l'extrême vieillesse.

Laissons dormir la foule des anciens héros, dont chacun fut tour à tour le salut de l'État; je ne rappellerai pas non plus le souvenir de ceux qui touchent presque à notre époque, et personne ne pourra me reprocher ainsi d'omettre son nom ou celui de l'un des siens; constatons seulement une vérité : tel est l'empire du dévouement imposé à l'homme par la nature, si grand éclate notre amour inné pour la sauvegarde commune, que cette puissance triomphe en nous des séductions du plaisir et des charmes de l'oisiveté.

Mais une vertu n'est pas comme un art qu'il suffise de posséder sans le mettre en pratique. Un art, même inutilisé, peut nous appartenir par la théorie; la vertu doit être toute d'action, et le plus glorieux emploi de cette activité, c'est le gouvernement de l'État, la mise en œuvre effective, et non la vaine définition des devoirs sur lesquels dissertent nos rhéteurs.

Les philosophes ne disent rien, en effet, de

juste ou d'honnête, rien qui n'ait été découvert et appliqué par les premiers législateurs. D'où vient le respect des Dieux, et qui donc a réglé le culte public? D'où viennent le droit des gens et ces lois que nous appelons le droit civil? D'où vient la justice, la foi promise, la continence, l'horreur de l'infamie, l'amour de l'honneur et l'ambition de l'estime, la force d'âme dans le labeur et dans les dangers? De ces hommes-là, sans conteste, qui, après en avoir semé les germes dans l'éducation, ont tantôt fécondé ces bienfaits par les mœurs, et tantôt les ont sanctionnés par les lois.

Un philosophe des plus illustres, Xénocrate, interrogé sur les avantages de ses leçons, répondit : « Mes disciples apprennent à remplir d'eux-mêmes les devoirs prescrits par la loi. »

N'en faut-il pas conclure que le citoyen capable de contraindre tout un peuple, grâce à ces mêmes lois, au respect que les conseils de la philosophie peuvent à peine obtenir de quelques auditeurs, est de beaucoup préférable aux docteurs de ces vérités morales.

Quel discours, si parfait soit-il, peut valoir un État solidement basé sur une constitution sociale et des mœurs publiques? Pour moi, autant les grandes cités, « les cités dominatrices, » comme dit Ennius, me semblent supérieures à des bourgades, à quelques métairies, autant les hommes qui gouvernent ces villes par leurs conseils et leur autorité l'emportent à mes yeux, en sagesse véritable, sur les esprits spéculatifs, étrangers à toute action politique.

Ainsi donc, puisqu'un penchant irrésistible nous pousse à toujours accroître l'héritage du genre humain, puisque, méditations et veilles, tous nos efforts tendent à conquérir la sécurité, le bien-être social, puisqu'enfin cette lutte est pour nous comme un cri de la nature et la plus noble des voluptés, suivons la route que les héros nous ont tracée, sans jamais écouter ce signal de la retraite essayant de rappeler les valeureux qui déjà se sont élancés dans la carrière.

A ces arguments, si solides et d'une telle évidence, nos adversaires opposent les labeurs, les fatigues inévitables dans la défense de l'État; faibles obstacles, en vérité, pour le zèle et pour le talent, considérations méprisables, non-seulement en présence de si grands intérêts, mais lors même qu'il s'agit de devoirs, de soins secondaires.

On ajoute les périls dont la vie est menacée; oui, cette crainte honteuse de la mort, on l'objecte à des hommes de cœur, pour lesquels c'est une bien autre misère de périr lentement et fatalement consumés par la vieillesse, que de donner avec enthousiasme pour la patrie, dans une occasion solennelle, cette vie qu'il faut toujours rendre à la nature.

Mais le point où nos contradicteurs croient surtout au triomphe de leur éloquence, c'est alors qu'ils rassemblent en un tableau toutes les infortunes des grands hommes, toutes les injustices dont les accabla l'ingratitude de leurs concitoyens.

Ils nous montrent d'abord ces exemples fameux de la Grèce : Miltiade vainqueur des Perses, tout couvert encore des glorieuses blessures reçues dans la plus belle des victoires, et n'échappant au glaive ennemi que pour mourir dans les fers de sa patrie; Thémistocle, chassé d'Athènes qui lui devait son salut, et cherchant un asile, non dans les ports sauvés par sa valeur, mais sur les rivages des barbares vaincus par ses armes.

L'inconstance, la cruauté de ce peuple envers ses grands hommes fournissent ainsi de nombreux exemples. Mais ce n'est pas tout, dit-on encore : nés et multipliés chez les Grecs, ces actes d'ingratitude ont passé jusque dans la gravité des mœurs romaines. On rappelle alors l'exil de Camille, la disgrâce d'Ahala, l'impopularité de Nasica, le bannissement de Lénas, la condamnation d'Opimius, la fuite de Métellus, les cruelles disgrâces de Marius, le massacre des patriciens et tous les désastres qui suivirent.

Enfin mon nom même est prononcé! Et, je l'espère, c'est parce que mes amis se croient redevables à ma prévoyance, à mes dangers, de la conservation de leur vie et de leurs biens, qu'ils me plaignent avec plus d'intérêt et d'amitié. Mais en vérité, quant à moi, je ne saurais comprendre comment les hommes qui, par curiosité ou par désir de la science, osent traverser les mers, peuvent s'étonner *que d'autres, pour servir la patrie, affrontent de plus grands périls...*

Lorsque, au sortir du consulat, je jurai que j'avais sauvé la patrie, et quand le peuple romain assemblé répéta mon serment, ce jour-là me fut une ample compensation à l'amertume de toutes les injures, de toutes les douleurs.

Ma disgrâce elle-même était d'ailleurs plus honorable que pénible; elle m'apporta moins de tristesse que de gloire, et les regrets des bons citoyens m'inspirèrent plus de joie que l'allégresse des méchants ne me causa d'affliction.

Mais, je le répète, en eût-il été différemment, quelles plaintes formuler? Rien ne pouvait arriver d'imprévu, rien de plus grave que ce qu'il fallait attendre pour prix de si grandes actions. Qui m'empêchait, dans le repos général, de jouir aussi de mes loisirs, et plus utilement que tant d'autres, grâce à l'agréable variété des études dans lesquelles j'ai vécu dès l'enfance; ou si quelque catastrophe publique survenait, de subir une part commune du désastre général, sans affronter son principal choc? Et cependant je n'hésitai pas à courir au-devant des plus terribles tempêtes, à braver la foudre pour sauver mes concitoyens, pour conquérir, au prix de périls personnels, la sécurité de tous.

C'est que la patrie ne nous a pas donné l'être et l'éducation sans un pacte réciproque, n'attendant de nous aucun secours; elle ne se fait point gardienne de nos intérêts pour assurer uniquement notre repos ou favoriser notre oisiveté; non, elle se réserve en échange, comme un droit privilégié, le meilleur de nos facultés, âme, esprit, raison, et nous laisse, pour notre usage personnel, la part seule qui lui devient inutile.

Les premiers prétextes invoqués par nos adversaires, comme autant de faciles excuses à l'inaction, ne méritent donc pas même d'être écoutés.

Aussi ajoutent-ils que la république est aux mains d'hommes incapables de tout bien, avec qui le parallèle serait une honte, contre lesquels la lutte devient, en présence des surexcitations populaires, non-seulement misérable mais dangereuse; et que, dès lors, il n'appartient ni au sage de prendre les rênes de l'État, puisqu'il ne pourrait contenir les aveugles et indomptables mouvements de la foule, ni à l'homme généreux de s'exposer, en combattant des ennemis impurs et féroces, aux stigmates de certains outrages intolérables à la vertu.

Quel plus pressant motif, au contraire, de prendre part au gouvernement, que cette honte pour les citoyens vertueux, fermes et dévoués, d'obéir aux méchants, et cette lâcheté de laisser la chose publique à leur merci, de façon à ne plus pouvoir, au cas d'un désastre, lui porter secours?

Quant à cette exception, qui seule, d'après nos contradicteurs, permettrait au sage d'accepter quelque responsabilité dans les affaires de l'État si des circonstances impérieuses l'y contraignaient, rien de plus inadmissible.

Personne a-t-il jamais subi de nécessité plus pressante que celle où je me trouvai? Qu'aurais-je pu faire alors sans le titre de consul? Et comment aurais-je obtenu cette magistrature sans ma vie consacrée dès l'enfance à franchir la hiérarchie qui, du rang des chevaliers où je suis né, m'a conduit à cet honneur suprême?

Nul ne saurait trouver en soi, tout à coup, comme d'un jet de sa volonté, la puissance de secourir l'État, quelque grand péril qui menace, quand on ne s'est pas ménagé d'avance une situation permettant d'agir. Aussi ne puis-je trop m'étonner de ces discours de nos sages qui, s'avouant incapables de gouverner sur une mer paisible, parce qu'ils ne savent pas l'art du pilote et n'ont jamais pris soin de l'apprendre, déclarent qu'ils saisiront le gouvernail au plus fort de la tempête.

Oui, voilà des hommes qui ont coutume de dire, en exaltant même cet aveu : « Nous n'avons point étudié, nous n'enseignons point les moyens de fonder ou de défendre un État, et regardant cette connaissance comme étrangère aux méditations des savants et des philosophes, nous l'abandonnons à ceux-là qui en font une étude exclusive! » D'où vient donc, en vérité, l'excès de confiance qui leur fait promettre du secours à la république dans un danger pressant, lorsque, trop faibles déjà pour une tâche plus aisée, ils sont impuissants à conduire l'État en l'absence même de tout péril.

Pour moi, en admettant même que le sage se tient assez volontiers éloigné des affaires publiques, et n'accepte cette responsabilité que si les circonstances lui en font un devoir, je soutiendrai toujours qu'il ne doit en rien négliger la science de l'administration civile, afin d'acquérir ainsi toutes les connaissances dont il peut avoir besoin dans l'avenir.

Je suis entré dans de nombreux développements, parce que cet ouvrage, où s'élève une longue discussion que je vais poursuivre sur le gouvernement des États, serait inutile si je n'avais pas détruit tout d'abord l'hésitation coupable qui éloigne des affaires publiques.

Reste-t-il encore quelques personnes qui, malgré cela, ne veuillent absolument céder qu'à l'autorité des philosophes? Que du moins elles choisissent, qu'elles écoutent ceux-là surtout qui ont conquis le plus de crédit et de gloire auprès des gens éclairés; elles comprendront alors que ces hommes, quand bien même ils n'administrèrent pas de fait la chose publique, ont cependant, par leurs recherches et leurs écrits sur les questions de gouvernement, exercé comme une sorte de magistrature civile.

Ne voyons-nous pas les sept sages de la Grèce, par exemple, presque tous mêlés à la vie politique? C'est que rien, en effet, ne rapproche plus le génie de l'homme de la Providence divine que la fondation des États ou leur conservation.

Deux choses m'ont encouragé dans la composition de cet ouvrage : l'espoir que mon passage aux affaires laissera peut-être quelque souvenir, puis la conscience d'avoir acquis une certaine facilité à traiter ces questions, par ma propre expérience, par l'étude des grands auteurs, par l'habitude d'écrire moi-même, tandis que, parmi mes prédécesseurs, les uns élégants théoriciens, ne s'étaient signalés par aucun acte administratif, et les autres, hommes d'État estimés, furent d'inhabiles orateurs.

D'ailleurs, il ne s'agit pas ici d'établir un nouveau système de mon invention; je veux rappeler seulement un entretien prolongé pendant plusieurs jours entre les hommes les plus illustres que notre patrie ait vu naître dans le même siècle, entretien que R. Rufus nous raconta jadis, mon cher Atticus, lorsque, jeunes tous deux, nous étions à Smyrne, et dans lequel, selon moi, il n'avait été rien oublié de ces grands problèmes.

I. — Sous le consulat de Tuditanus et d'Aquilius, Scipion l'Africain, le fils de Paul-Émile, forma le projet de passer les Féries Latines dans ses jardins, où ses amis intimes lui promirent de fréquentes visites.

Dès le premier matin de ces fêtes, il vit arriver, avant tous les autres, son neveu Q. Tubéron, et, charmé de sa présence, lui dit amicalement :

— C'est toi, mon cher Quintus, de si bonne heure, toi pour qui ces jours de repos offraient une si belle occasion de te livrer à tes goûts littéraires!

— J'ai tout le temps de m'occuper de mes livres, qui ne cessent d'être à ma discrétion.

répondit Tubéron, tandis que c'est merveille de te trouver libre, surtout dans cette crise de la république.

— Si je le suis d'occupations, je ne le suis pas d'inquiétudes.

— Il faut pourtant que ta liberté d'esprit soit également complète, car nous sommes plusieurs très-décidés, si nous ne te dérangeons pas, à passer ici ces heures de loisir.

— Volontiers; nous pourrons gagner de la sorte quelques connaissances nouvelles.

II. — Eh bien, veux-tu, reprit Tubéron, puisque tu m'encourages à parler et me donnes même l'espoir de t'entendre, veux-tu examiner, avant l'arrivée de nos amis, cette apparition d'un double soleil dont il fut parlé dans le Sénat? Les témoins de ce prodige sont nombreux, dignes de créance, et comme on ne peut le nier, il ne reste qu'à l'expliquer.

Scipion. — Combien je souhaiterais ici notre cher Panœtius, qui, entre autres recherches, étudie avec une telle ardeur les phénomènes célestes! Quant à moi, Tubéron, — car je te parle à cœur ouvert, — je ne saurais partager toutes les assertions de notre ami sur des mystères où les conjectures sont à peine permises, et dont il résoud les problèmes avec autant d'assurance que s'il avait vu de ses yeux ou touché de la main ces merveilles.

La sagesse de Socrate est plus grande, —

et je l'en admire davantage, — lui qui, s'interdisant toute investigation semblable, déclarait ces études trop supérieures aux conceptions de notre esprit, ou bien inutiles à la conduite de la vie humaine !

TUBÉRON. — Je ne sais, en vérité, sur quoi repose la tradition qui fait Socrate ennemi de ces entretiens, et le montre exclusivement occupé des questions de morale.

Est-il, au sujet de ce philosophe, un témoignage plus concluant que celui de Platon? Eh bien, dans les œuvres de l'illustre écrivain, en maint endroit, Socrate parle un tout autre langage, et, discutant sur les mœurs, la philosophie, la politique, il a soin de mêler à son argumentation, comme un véritable pythagoricien, les nombres, la musique et la géométrie.

SCIPION. — Rien de plus vrai ; mais Platon, tu ne l'ignores pas, après la mort de Socrate visita l'Égypte pour s'instruire, vint en Italie et en Sicile afin d'approfondir la doctrine de Pythagore, fit commerce de science avec Archytas de Tarente et Timée de Locres, puis recueillit les ouvrages de Philolaüs.

C'était l'époque où, dans ces contrées, le nom de Pythagore jetait un vif éclat; Platon se donna tout entier à cette étude, à l'amitié des pythagoriciens, puis, dans sa constante affection pour Socrate, voulant reporter sur lui la gloire de connaissances universelles, il réunit à la grâce et à la finesse des leçons de son premier maître, les dogmes profonds, multiples et mystérieux de l'école de Pythagore.

III. — Scipion achevait ces mots lorsque, voyant entrer Furius, il alla lui prendre la main, après un salut amical, et le fit reposer à ses côtés; puis au même instant Rutilius, qui par bonheur nous a conservé cet entretien, étant survenu, Scipion, avec le même accueil, le pria de prendre place auprès de Tubéron.

— Que disiez-vous? demanda Furius; notre arrivée interromprait-elle votre conversation?

— Nullement, répondit l'Africain, car tu étudies volontiers les questions semblables à celles que Tubéron examinait tout à l'heure, et notre ami Rutilius, jusque sous les murs de Numance, s'occupait quelquefois avec moi de semblables problèmes.

— Enfin, reprit Philus, quel était l'objet de la discussion?

— Le double soleil récemment apparu, dit Scipion, et sur ce point je suis curieux de connaître ton sentiment.

IV. — Comme il parlait encore, un esclave annonça la visite de Lælius, déjà sorti de chez lui.

Aussitôt l'Africain se chausse, achève de s'habiller et quitte son appartement; mais, à peine sous le péristyle, il aperçoit Lælius accompagné de Mummius, qu'il aimait particulièrement, de Fannius et de Scévola, gendres de Lælius, jeunes gens instruits et déjà dans l'âge de la questure.

Les saluts échangés, on commence le tour des portiques, Scipion laissant à Lælius la place du milieu, car c'était comme une règle de droit pour leur amitié que, dans les camps, en considération de sa gloire militaire, Lælius révérât Scipion à l'égal d'un dieu, et que dans la vie civile, par égard pour la supériorité de l'âge, Scipion, à son tour, honorât Lælius d'une piété toute filiale; puis, après quelques instants d'entretien et de promenade, l'Africain, reconnaissant et charmé de ces visites, proposa d'aller s'asseoir dans la partie des jardins la plus exposée au soleil, car c'était encore la saison d'hiver.

Comme ils s'y rendaient, survint un homme fort éclairé, Manilius, également agréable et cher à ce groupe d'amis, et qui, après la bienvenue de tous, s'assit auprès de Lælius.

V. — Philus prit alors la parole :

— Je ne crois pas que tes nouveaux hôtes, dit-il à Scipion, nous obligent à changer d'entretien; leur présence nous fait seulement un devoir de lui donner tous nos soins pour ne rien dire d'indigne de pareils auditeurs.

— Voyons, demanda Lælius, au milieu de quelles discussions sommes-nous arrivés?

— Scipion me demandait mon avis sur l'apparition généralement attestée de deux soleils.

— Eh quoi, s'écria Lælius, avons-nous déjà si bien approfondi ce qui concerne nos Maisons et la République, pour nous inquiéter de phénomènes célestes!

— Mais, toi, reprit Philus, penses-tu que nos demeures ne soient pas intéressées à ce qui se passe dans cette grande demeure par excellence, — non point une ville comme celle-ci, et qu'on puisse enceindre de murailles, mais l'univers lui-même, en son immensité, — l'univers que les Dieux nous ont donné pour séjour, pour patrie à partager avec eux-mêmes. Ignorer ces merveilles, c'est renoncer à bien des vérités sublimes! Je le proclame donc, et tu l'avoueras, Lælius, avec tous les esprits amoureux de la sagesse, l'étude, la seule pensée de ces belles choses rassérène l'âme.

— Je ne m'oppose pas à ces recherches, surtout en un jour de fête; mais pouvons-nous entendre quelque chose encore, ou bien arrivons-nous trop tard?

— La discussion n'est pas commencée, dit Philus, et je te céderais volontiers la parole.

— Non, vraiment; c'est toi que nous allons écouter, à moins que Manilius, pour régler juridiquement ce litige entre les deux soleils, n'ordonne de part et d'autre la « possession provisoire. »

— Veux-tu donc, reprit Manilius aussitôt, renouveler tes plaisanteries sur une science où je suis fier d'exceller, et sans laquelle on ne pourrait distinguer « ni tien, ni mien? » Nous y reviendrons; mais écoutons d'abord Philus, qui va traiter une question bien autrement élevée que toutes celles dont Mucius et moi nous nous occupons.

VI. — PHILUS. — Ce que je vous dirai n'est pas nouveau, rien là ne m'appartient, c'est un simple souvenir.

S. Gallus, un savant, vous ne l'ignorez pas, se trouvait un jour chez Marcellus, son ancien collègue du consulat, et, entendant parler d'un phénomène semblable, il fit apporter la sphère céleste que l'aïeul de Marcellus se réserva jadis comme seul monument de sa victoire à la prise de l'opulente et magnifique Syracuse.

J'avais entendu souvent citer cette sphère, à cause de la grande renommée d'Archimède, et je n'y trouvai rien de remarquable au premier abord; elle me parut même inférieure à cet autre globe, plus connu, du même Sicilien, et que Marcellus aussi consacra dans le temple de la Vertu. Mais aussitôt que Gallus, avec sa science profonde, eut commencé l'explication de ces rouages admirables, je reconnus à l'habile inventeur un génie vraiment surhumain.

Gallus nous apprit que la sphère solide et pleine est une ancienne invention due à Thalès de Milet; dans la suite, Eudoxe de Gnide, disciple de Platon, y traça, paraît-il, les constellations suspendues à la voûte des cieux; puis longtemps après, empruntant le système d'Eudoxe, Aratus, étranger à l'astronomie, mais inspiré par la seule force de son instinct poétique, chanta dans ses vers l'admirable ordonnance des corps célestes.

Gallus ajoutait que le genre de sphère qui retrace la marche du soleil, de la lune et des cinq étoiles nommées errantes ou irrégulières, était bien différent de la sphère solide, à laquelle ne pouvaient s'appliquer les mêmes évolutions, et l'art merveilleux d'Archimède était d'avoir si bien combiné sa nouvelle œuvre que, dans le jeu de mouvements disparates, une seule impulsion donnait le cours inégal et différent de tous les astres.

Gallus, en effet, touchait-il à cette sphère, chaque tour de cercle amenait la lune à la place du soleil, comme elle lui succède toutes les nuits au firmament, puis encore, de même qu'au ciel, tantôt le soleil disparaissait, tantôt la lune tombait dans l'ombre de la terre, quand le soleil reparaissait à l'horizon...

VII. — SCIPION. — ... Je portais moi-même à Gallus beaucoup d'amitié, sachant l'estime et l'affection constantes que lui témoignait Paul-Émile.

Dans ma première jeunesse, mon père, alors consul, commandait en Macédoine, et nous tenions la campagne, quand notre armée fut saisie d'une terreur superstitieuse par une soudaine éclipse de la lune, pleine et brillante, dans le ciel le plus clair.

Gallus, notre lieutenant, — c'était l'année qui précéda sa nomination consulaire, — ne craignit pas de publier le lendemain, dans le camp, qu'il n'y avait point là de prodige, mais un phénomène naturel, devant se reproduire à certaines époques, toutes les fois que le soleil serait placé de manière à ne pouvoir éclairer la lune de ses rayons.

— Eh quoi! s'écria Tubéron, il parvint à rendre cette explication intelligible pour des gens aussi grossiers, il osa soutenir cette thèse devant de semblables ignorants?

SCIPION. — Oui, vraiment, et avec un entier succès...

... Sans un vain étalage de science, sans quitter non plus le ton sérieux, propre à la gravité de son caractère, il rendit à l'armée cet immense service de chasser la crainte et la superstition de ces esprits abattus.

VIII. — On raconte un fait analogue dans cette grande guerre où Athènes et Lacédémone luttèrent avec tant de haine.

Périclès, à qui son éloquence, son crédit, son habileté donnaient le premier rang dans sa patrie, voyant les Athéniens frappés de terreur à la suite d'une éclipse de soleil, profita des connaissances puisées à l'école de son maître Anaxagore pour apprendre à ses concitoyens que de semblables effets se répètent, dans un intervalle précis et déterminé, quand la lune est placée tout entière devant l'orbe du soleil, et que, s'ils ne se reproduisaient pas nécessairement à chaque période lunaire, ils ne pouvaient cependant arriver qu'à cette époque.

Cette démonstration raisonnée calma le peuple, car c'était alors une découverte nouvelle, l'obscurcissement du soleil par l'interposition de la lune, et Thalès de Milet en eut, dit-on, la première prescience. Plus tard, notre Ennius n'ignora pas non plus cette loi sidérale, et vers l'an 350 de la fondation de Rome, écrit-il, aux nones de juin, « le soleil fut couvert par la lune et la terre plongée dans les ténèbres. »

Tel est du reste le point auquel sont arrivés aujourd'hui l'art et les calculs astronomiques :

depuis cette époque, consignée dans Ennius et les Livres des Pontifes, on a pu compter toutes les éclipses précédentes, en remontant jusqu'à celle des nones de juillet, sous le règne de Romulus, ténèbres au milieu desquelles ce roi, en dépit de notre périssable nature et d'une fin tout humaine, passe pour être monté aux cieux dans l'apothéose de sa vertu.

IX. — TUBÉRON. — Eh bien, Scipion, cette science, qui semblait tout à l'heure inutile, *ne mérite-t-elle pas notre étude?...*

SCIPION. —... La grandeur humaine, la succession de nos siècles les promesses de la gloire, que deviennent toutes ces chimères pour quiconque peut contempler l'empire des Dieux, pressent l'éternité, voit combien la terre est petite dans son ensemble, dans sa minime partie habitée, et quelle est notre illusion d'oser croire que de notre coin de terre, où nous restons inconnus à tant de peuples, notre nom pourra se répandre au loin et voler de bouche en bouche!

De quel prix sont les vastes domaines, les palais somptueux, les troupeaux innombrables, l'or et l'argent par monceaux, quand on ne reconnaît pas ces prétendues richesses comme des biens véritables, parce que la jouissance en est frivole, l'usage mesquin, la possession incertaine, et que souvent on les voit aux mains les plus méprisables?

Heureux l'homme qui, seul, peut prétendre à toute propriété comme vraiment sienne, non pas en vertu du droit des Quirites, mais par un privilége de la sagesse, non pas aux termes d'un contrat civil, mais d'après ce principe universel de la nature reconnaissant pour unique propriétaire d'une chose la personne qui saura la gérer et en jouir; heureux l'homme qui place les dictatures, les consulats au rang des devoirs imposés plutôt que parmi les bonheurs enviables, qui, loin de briguer la gloire et les récompenses, subit ces honneurs comme une dette à la patrie, et qui peut enfin dire de lui-même ce que Caton aimait à répéter de son aïeul : « Paul-Émile n'était jamais plus occupé que dans ses loisirs, jamais moins seul que dans la solitude. »

Denys, au prix de mille efforts, enchaîne la liberté de ses concitoyens; Archimède, qui paraissait inactif, construit à la même époque son admirable sphère. Lequel des deux a fait la plus grande œuvre? Tel citoyen, au milieu de la foule, en plein forum, ne trouve personne dont l'entretien lui soit un plaisir; tel autre, sans témoins, cause avec ses souvenirs et ses espérances, ou, se transportant par l'imagination dans la société des sages, étudie avec joie leurs découvertes, leurs écrits. Auquel de ces deux hommes la solitude est-elle pesante?

N'est-il pas le plus riche du monde, l'homme auquel rien ne manque des choses demandées par la nature, le plus puissant, celui qui voit tous ses vœux exaucés, le plus heureux, celui dont rien ne trouble la sérénité, le plus affermi dans sa prospérité, cet autre pouvant sauver avec lui toutes ses richesses, même dans un naufrage!

Quel pouvoir, quelles magistratures, quel trône préférer à une sagesse qui, regardant de haut tous les biens terrestres, n'ouvre son âme qu'à des pensées éternelles et divines, et, laissant l'humaine mêlée s'agiter à ses pieds, donne seulement le nom d'homme aux esprits cultivés par ces nobles études, attribut distinctif de l'humanité!

Aussi ne puis-je assez admirer ce mot de Platon ou d'un autre philosophe jeté par la tempête sur une plage déserte : au milieu de la terreur de ses compagnons, il s'écrie, en apercevant quelques figures de géométrie sur le sable : « Courage, mes amis, je vois les traces d'un homme! » Paroles qui s'appliquaient non pas à la culture de ces campagnes désolées, mais aux signes algébriques offerts à ses yeux.

Voilà pourquoi, Tubéron, j'éprouve toujours un vif attrait pour l'érudition, pour les savants, pour tes études favorites.

X. — Lælius. — Je n'ose te contredire, Scipion, et n'ai pas non plus la hardiesse de m'attaquer soit à Manilius, soit à Philus...

... Tubéron eut un parent bien digne de lui servir de modèle, notre ami Sextus, « cœur excellent, esprit distingué », — a dit Ennius, — trop sage pour chercher la solution de problèmes impossibles, mais jurisconsulte habile, et dont les avis tiraient de peine bien des malheureux.

C'est lui qui, dans ses attaques contre les études astronomiques de Gallus, répétait si volontiers ces paroles d'Achille dans Iphigénie : « L'insensé ! Le voilà tout entier aux signes des astrologues, consultant l'astre de Jupiter, la Chèvre ou le Scorpion, et sans regarder d'abord à ses pieds, se flattant de lire dans les cieux !... »

Il disait aussi, — car je l'écoutais souvent et avec plaisir, — que tout en trouvant le « Zéthus » de Pacuvius trop ennemi de la science, il approuvait fort le « Néoptolème » d'Ennius, qui veut bien philosopher, mais à petite dose, car trop de philosophie lui deviendrait une obsession insupportable.

Si les études grecques ont vraiment de tels charmes pour vous, choisissez de préférence celles, qui, moins limitées, moins spéculatives, peuvent s'appliquer à l'usage de la vie, au service de la chose publique ; quant aux sciences abstraites dont nous venons de parler, leur seul mérite, si elles ont quelque utilité, serait peut-être d'affiner l'esprit des jeunes gens, et de les conduire, en irritant leur curiosité, à des études plus graves.

XI. — TUBÉRON. — Je ne m'éloigne pas de cette opinion, Lælius, mais je t'en prie, apprends-nous quelles études tu places en première ligne?

LÆLIUS. — Je vais le dire, au risque de tes dédains, car c'est toi qui soulevas cette question d'astronomie, alors que pour ma part j'attache une bien autre importance aux événements terrestres.

Pourquoi le petit-fils de Paul-Émile, par exemple, le neveu d'Émilien, l'enfant d'une famille si noble, l'espoir d'un si grand peuple, s'inquiète-t-il de l'apparition d'un double soleil, et ne cherche-t-il pas comment nous avons aujourd'hui, dans une seule république, deux Sénats et presque deux peuples ennemis?

Vous le voyez en effet, la mort de Tibérius Gracchus et, bien avant, l'organisation de son Tribunat, ont divisé la nation en deux partis; les détracteurs, les ennemis de Scipion, soulevés d'abord par Crassus et Claudius, continuent, malgré la mort de ces deux chefs, à maintenir en dissidence avec nous une moitié du Sénat, sous l'influence de Métellus et de Mucius; bref, à l'homme qui seul, pourrait tout sauver, dans cette rebellion des Alliés et des Latins, parmi les pactes violés, en présence des triumvirs factieux suscitant chaque jour une intrigue nouvelle, au milieu de la consternation des gens de bien et des riches, à cet homme ils ne permettent pas de venir en aide à nos périls!

Croyez-moi donc, jeunes gens, ne vous inquiétez point d'un nouveau soleil; c'est un phénomène impossible, ou bien il peut exister, comme on l'a vu, sans périls pour nous; à ces mystères, nous sommes incapables de rien comprendre, ou bien encore, en eussions-nous pénétré les arcanes, cette science ne nous rendrait ni meilleurs ni plus heureux.

L'unité du peuple, au contraire, l'unité du Sénat sont choses possibles, et leur absence offre tous les dangers; or, nous voyons que cette double concorde n'existe pas, et nous savons qu'en la rétablissant nous aurions et plus de sagesse, et plus de bonheur.

XII. — MUCIUS. — Dès lors, que penses-tu qu'il faille apprendre, Lælius, pour atteindre ce but?

LÆLIUS. — Les sciences qui nous font utiles à la république, car c'est là, je crois, le plus glorieux bienfait de la sagesse, la preuve la plus éclatante de la vertu, comme aussi le premier de ses devoirs.

Afin d'employer ces jours de fête en entretiens profitables à l'État, prions donc Scipion de nous exposer quelle est, à son avis, la meil-

l ure forme de gouvernement; puis nous exa-
inerons d'autres questions qui, une fois ap-
p ofondies, nous ramèneront, je l'espère, à
lle que nous offre aujourd'hui l'état de
Rome, nous donnant en outre la possibilité
d'une solution favorable.

XIII. — Philus, Manilius, Mummius applaudirent...

Lælius. — ... *J'ai insisté*, parce qu'il m'a d'abord paru juste que le plus grand citoyen de Rome prît le premier la parole sur une question politique; puis je me rappelle que dans tes nombreuses dissertations avec Panætius, et devant Polybe, — ces deux Grecs si versés dans la science du gouvernement, — tu établissais, avec nombre de particularités et de raisonnements, l'excellence de la constitution que nos ancêtres nous ont transmise. Si bien préparé sur ce sujet, tu nous feras grand plaisir à tous en développant ta pensée sur l'art de gouverner.

XIV. — Scipion répondit :

— Jamais sujet de méditation, je puis le dire, Lælius, n'a plus souvent, plus fortement absorbé mon esprit.

Je le vois en effet pour chaque profession, l'artisan qui prend à cœur de se distinguer cherche, travaille, rêve à conquérir la supériorité dans son genre; comment alors pourrais-je, moi, qui reçus de mes ancêtres et de mon père la mission exclusive de servir et de défendre l'État, me placer au-dessous du plus vulgaire ouvrier en apportant au premier des arts moins de soins qu'il n'en donne à quelque métier infime!

Mais si les doctrines politiques des écrivains grecs les plus éclairés ne me satisfont pas entièrement, je n'ose toutefois leur préférer mes propres idées, et vous ne m'écouterez donc, je vous en prie, ni comme un ignorant trop étranger à ces théories, ni comme un enthousiaste prêt à leur donner la préférence; je suis un Romain avant tout, redevable à la sollicitude paternelle d'une éducation libérale, et qui dès l'enfance, enflammé du désir d'apprendre, se forma cependant par l'expérience et les leçons domestiques bien plus encore que par les livres.

XV. — PHILUS. — Pour ma part, Scipion, je ne connais personne qui t'égale en génie naturel, et quant à l'expérience des plus grandes conjonctures politiques, je le déclare, tu l'emportes facilement sur nous tous.

Nous savons ton ardeur pour l'étude, et puisque tu as médité aussi sur les spéculations, je dirai presque sur l'art du gouvernement, remercions Lælius, car j'espère de ta parole des leçons bien autrement fécondes que tous les ouvrages des Grecs.

OIPION. — Tu fais trop préjuger de mon d cours, et c'est imposer un lourd fardeau à q iconque traite déjà un sujet difficile.

PHILUS. — Comme toujours tu dépasseras n tre attente, et je ne saurais craindre que, parlant de la république, les expressions vinssent à te manquer.

SCIPION. — Je vous obéirai de mon mieux, en observant au début une règle nécessaire dans toute discussion quand on ne veut pas s'égarer; c'est, une fois d'accord sur la dénomination du sujet discuté, d'expliquer nettement ce que ce nom signifie. Le sens particulier doit être bien établi avant d'aborder la question générale, car on ne pourra jamais comprendre les qualités d'un sujet si l'on n'a pas une idée nette de sa nature, et c'est pourquoi, nous occupant de la république, nous devons chercher d'abord ce que veut dire le mot: République.

XVI. — Ce début obtint l'approbation de Lælius, et Scipion poursuivit:

— Je ne remonterai pas cependant, pour une thèse aussi claire et si connue, jusqu'aux premières origines, à l'exemple de nos savants, de manière à reprendre les faits depuis le premier rapprochement de l'homme et de la femme pour passer ensuite à la première naissance, puis à la formation de la première famille, analysant chaque mot dans ses acceptions, chaque chose dans ses modific tions.

Je parle à des hommes éclairés, ayant pr une part glorieuse aux affaires militair et civiles d'une nation puissante, et je n'a rai pas ce tort de rendre mes explications moins claires que mon sujet; enfin, je ne me suis pas chargé, comme un maître qui professerait, de suivre la question dans tous ses développements, et je ne saurais promettre de n'oublier aucun détail.

LÆLIUS. — Voilà précisément le genre de dissertation que j'attends de toi.

XVII. — Eh bien, continua Scipion, la chose publique, le gouvernement, est la chose du peuple; mais je n'appelle pas : peuple, toute agrégation d'hommes indistinctement; cette réunion doit être cimentée par un pacte de justice et la communauté des intérêts.

Or, le premier mobile de ces réunions est bien moins la faiblesse de l'homme qu'une sorte d'instinct social; l'espèce humaine n'est pas née pour l'isolement et la vie errante, mais avec une disposition qui, même dans l'abondance de tous les biens, *lui rend nécessaire la société de ses semblables*...

XVIII. — ... Ce sont donc autant de sentiments innés, et l'on ne doit pas plus attribuer à l'homme le mérite de sa sociabilité que la découverte des autres vertus.

Les associations, formées ainsi, naturellement, établirent d'abord leur habitation dans un lieu fixe; puis cette demeure commune, assemblage et entre-croisement de maisons, de temples et de places, fortifiée soit par sa situation naturelle, soit à mains d'hommes, prit le nom de forteresse ou ville.

Tout peuple, c'est-à-dire toute société fondée aux conditions que j'ai posées; toute cité, j'entends toute constitution particulière d'un peuple; toute chose publique, enfin, et c'est là ce que j'appelle, vous le savez, la chose du peuple; a besoin, pour rester durable, d'être gouvernée par une autorité intelligente et s'appuyant toujours sur le principe qui a présidé à la formation de l'État.

Or ce gouvernement peut appartenir, soit à un seul homme, soit à quelques citoyens choisis, soit au peuple tout entier.

Lorsque l'autorité est aux mains d'un seul, ce maître, nous l'appelons roi, et ce pouvoir, monarchie; la suprématie une fois confiée à quelques citoyens d'élite, la constitution devient aristocratique; enfin la souveraineté populaire, suivant l'expression consacrée, est celle où toutes choses résident dans le peuple.

Ainsi donc, voilà trois constitutions différentes, et si le pouvoir restait fidèle au pacte fondamental qui agrégea leurs membres;

chacune de ces formes administratives, s s être parfaite, ni seulement la meilleure s-sible, paraîtrait du moins supportable, et rendrait entre elles le choix incertain; n effet, un roi juste et sage, une élite de citoyens distingués, le peuple lui-même, bien que cette supposition soit la moins favorable, peuvent si l'injustice et les passions ne se jettent pas à la traverse, établir un gouvernement avec quelques gages de stabilité.

XIX. — Toutefois, dans la monarchie, l'universalité des citoyens participe trop peu au droit commun et aux conseils publics; sous la domination aristocratique, la multitude, à peine libre, est privée de tout moyen d'action et même de délibération; enfin, lorsque le peuple a la toute-puissance, en le supposant sage et modéré, l'égalité même devient une injuste inégalité, parce que nulle gradation de rangs ne distingue plus le mérite.

Le règne de Cyrus le Perse, bien que ce prince ait été le meilleur et le plus vertueux des rois, ne me semble donc pas l'idéal du gouvernement, car tout y dépendait du froncement de sourcils d'un seul homme; chez les Marseillais, nos clients, gouvernés par des citoyens choisis, la plus grande justice a beau régner, je crois toujours voir dans la condition du peuple comme une ombre de servitude; bref, lorsque les Athéniens, à certaines époques, supprimèrent l'Aréopage pour ne reconnaître que les actes et les décrets du peuple, leur république, n'offrant plus au mérite la distinction du rang et des honneurs, perdit bientôt son plus grand éclat.

XX. — Si dans ces trois constitutions, à ne considérer même que leur caractère originel et dont rien n'altérerait l'unité primitive, je vois déjà les vices particuliers signalés plus haut, quels périls plus grands encore lorsque se déclareront, soudains et terribles, les autres fléaux qui, par une pente fatale, doivent entraîner ces gouvernements dans un gouffre voisin.

Après un prince tolérable, ou même digne d'amour, par exemple Cyrus que je nomme plus volontiers, succède, comme pour légitimer mes scrupules, le tyran Phalaris, type odieux auquel les rois peuvent ressembler trop facilement; à côté de cette sage aristocratie de Marseille apparaît l'oppression oligarchique, la faction des Trente dans Athènes; enfin, sans chercher de nouveaux exemples, la démocratie absolue des Athéniens ne vit-elle pas une multitude, ivre de licence et de fureur, causer la ruine de ce peuple !...

XXI. — ... D'un semblable chaos surgit

nécessairement le règne des grands, le pouvoir royal, ou souvent même la souveraineté du peuple, qui ramène à son tour l'une de nos trois formes de gouvernement ; et c'est ainsi que les États accomplissent, au milieu de vicissitudes renaissantes, leurs merveilleuses transformations.

Le sage doit avoir étudié ces révolutions périodiques; mais en prévoir l'approche menaçante lorsque, assis au gouvernail, on veille au salut du vaisseau de l'État confié à vos lumières, c'est l'œuvre d'un grand citoyen, la mission d'un homme presque égal aux Dieux.

Le meilleur mode serait donc une quatrième constitution formée de la réunion et du mélange de ces trois gouvernements.

XXII. — LÆLIUS. — C'est un avis que je t'ai souvent entendu formuler; mais avant tout, Scipion, si je ne craignais d'abuser, je te demanderais lequel de ces trois premiers systèmes est préférable, et je ne crois pas cette appréciation inutile...

XXIII. — *Scipion.* —... Chaque forme de gouvernement reçoit sa véritable valeur de la nature ou de la volonté du pouvoir qui le dirige.

La liberté, par exemple, ne peut véritablement exister que dans un État où le peuple est souverain, — la liberté, le plus doux des biens, et qui, si elle n'est pas égale pour tous, n'est plus la liberté !

Comment donc revêtira-t-elle ce caractère auguste, je ne dis pas dans une monarchie, où l'esclavage n'est ni douteux ni déguisé, mais dans ces États même dont tous les citoyens s'intitulent libres, parce qu'ils ont le droit de suffrage, délèguent les commandements, et se voient sollicités pour l'obtention des magistratures? Ce qu'ils donnent, ne faudrait-il pas toujours le donner, bon gré mal gré, et comment obtenir jamais pour eux-mêmes ces distinctions dont ils disposent ! Ne sont-ils pas exclus du pouvoir, du conseil public, des tribunaux supérieurs, apanages de la noblesse ou de la fortune?

Chez les peuples vraiment libres, au contraire, à Rhodes, à Athènes, il n'est aucun citoyen *qui ne puisse parvenir à tous les honneurs...*

XXIV. — ... Aussitôt que dans une cité, disent certains philosophes, un ou plusieurs ambitieux peuvent s'élever par la richesse et la puissance, on voit les priviléges naître de leur orgueil despotique, et leur joug arrogant s'imposer à la multitude faible et lâche.

Mais, quand le peuple sait au contraire maintenir ses prérogatives, où trouver plus de gloire, de liberté, de bonheur? Il est l'arbitre des lois, des jugements, de la paix, de la guerre, des traités, de la vie et de la fortune de chacun : c'est là vraiment une République, c'est-à-dire la chose du Peuple.

Ils disent aussi que l'on voit souvent succéder à la monarchie, à l'aristocratie, le gouvernement populaire, tandis que jamais une nation libre n'a demandé des rois ou le patronage opulent des optimates.

Les excès mêmes d'un peuple indiscipliné, ajoutent-ils enfin, ne doivent pas faire condamner dans son ensemble le régime démocratique.

Lorsqu'une fois la concorde règne, rien de plus fort, rien de plus durable qu'un tel gouvernement, où chacun rapporte ses efforts au salut général, à la liberté commune. Or, la concorde est facile si tous les citoyens n'ont qu'un même but; c'est la différence, la rivalité des intérêts qui produisent les dissensions, aussi le gouvernement aristocratique n'aura-t-il jamais rien de stable, et moins encore la monarchie, dont Ennius a pu dire : « Amitié, serments, rien de sacré pour qui convoite un trône. »

La loi étant le lien de toute société civile, et le principe de la loi proclamant l'égalité pour tous, sur quelle base repose une association de citoyens dont les droits ne sont pas les mêmes pour chacun? Si l'on n'admet point l'égalité de fortune, si l'égalité de l'intelligence est une chimère, l'égalité des droits semble du moins obligatoire entre les membres d'une même république, car un État est-il autre chose qu'une association au partage du droit?...

XXV. — Quant aux autres formes de gouvernement, ces philosophes ne leur conservent pas même les dénominations qu'elles prétendent s'attribuer.

Pourquoi, disent-ils, du titre de roi, réservé à Jupiter Très-Bon, saluer un homme avide de pouvoir, égoïstement dominateur, d'autant plus grand qu'il tient le peuple plus courbé, et cet homme ne mérite-t-il pas plutôt l'épithète de tyran? La clémence n'est-elle pas aussi facile à un tyran que la cruauté à un roi? Toute la question, pour le peuple, se résume à servir un maître humain ou implacable, mais la chose certaine, c'est l'esclavage, et l'on ne comprend pas comment Lacédémone, même à l'époque où sa constitution politique passe pour avoir jeté le plus d'éclat, pouvait espérer des princes cléments et justes quand il lui fallait accepter pour roi tout héritier du sang royal.

L'aristocratie, d'ailleurs, n'est pas plus tolérable, ajoutent-ils; pourquoi cette qualification d'optimates que certaines familles riches s'arrogent d'elles-mêmes, sans l'aveu du peuple, sans que nul tribunal ait proclamé la supériorité de leurs talents, de leur savoir ni de leurs vertus?...

XXVI. — La nation qui, pour le choix de ses guides s'en rapporte au hasard, sombrera pareille au vaisseau dont le pilote serait désigné par le sort entre les passagers.

Tout peuple libre choisit ses magistrats, et s'il est jaloux de son avenir, il les prend parmi les meilleurs citoyens, car de la sagesse des chefs dépend le salut des États, et dans ce but la nature a donné au génie et à la vertu l'empire absolu sur la faiblesse et l'ignorance des masses qui ne demandent qu'à obéir.

Mais cette heureuse organisation n'a pu résister, dit-on, aux faux jugements de la foule, inconsciente de cette sagesse dont les modèles sont aussi rares que les bons juges, et s'imaginant que, parmi les hommes, les meilleurs sont les plus puissants, les plus riches, ceux qui comptent la plus illustre naissance.

Lorsque, grâce à cette méprise du vulgaire, la puissance a usurpé dans l'État la place de la vertu, cette aristocratie mensongère tient d'autant plus à son titre qu'elle en est moins digne, car les richesses, le nom, l'autorité sans la sagesse et une juste mesure pour se conduire, pour commander aux autres, n'offrent que l'image d'un insolent et honteux despotisme, et jamais spectacle ne fut plus révoltant que l'aspect d'une cité où la fortune donne la suprématie.

Quoi de plus admirable, au contraire, qu'un gouvernement régi par la vertu, lorsque celui qui commande n'est esclave lui-même d'aucune passion lorsqu'il donne l'exemple de tout ce qu'il enseigne et préconise, n'imposant pas au vulgaire de lois qu'il ne respecte le premier, offrant enfin sa propre vie à ses concitoyens comme une loi vivante !

Sans doute, si un seul homme pouvait suffire à tout, il ne serait pas besoin du concours d'un plus grand nombre, de même que, si tout un peuple pouvait voir le bien et s'entendre pour l'accomplir, personne ne songerait à choisir des chefs ; mais c'est précisément la difficulté de tout connaître qui a fait passer le pouvoir des mains d'un roi dans celles de l'aristocratie, comme c'est l'ignorance et l'aveuglement des peuples qui transmirent la prépondérance de la multitude au petit nombre.

Ainsi donc, entre l'impuissance d'un seul et le déréglement de la multitude, les optimates ont conquis une situation moyenne qui, conciliant tous les intérêts, assure le bonheur du peuple ; car ce peuple, désormais sans inquiétude sur sa destinée, s'en remet du soin de son repos à des hommes qui ne s'exposeraient pas à l'accusation de négliger un semblable mandat.

Quant à cette égalité de droits, chimère de

la démocratie, elle est impossible, et les peuples les plus impatients de toute contrainte, de tout joug, ont conféré les plus grands pouvoirs à quelques-uns de leurs élus, discernant avec soin l'importance des rangs et le mérite des hommes. Au nom de l'égalité, débuter par l'inégalité la plus injuste, mettre sur la même ligne les génies et la tourbe qui composent un peuple, n'est-ce pas se montrer souverainement inique par esprit d'équité, faute que ne commettra jamais un gouvernement aristocratique?

Telle est à peu près, Lælius, l'argumentation des partisans de cette forme politique.

XXVII. — Lælius. — Mais toi, Scipion, personnellement, de ces trois systèmes, quel est celui que tu préfères?

Scipion. — Tu as raison de me demander lequel me plait davantage, car aucun d'eux, isolément, n'obtient ma complète approbation, et j'aime mieux un gouvernement formé de ce triple mélange.

S'il fallait faire un choix pur et simple, il serait, avec mes premiers éloges, en faveur de la monarchie, à condition toutefois que le titre de père s'y présente à nous inséparable du titre de roi, pour exprimer que le prince veille sur ses concitoyens comme sur ses enfants, plus jaloux de leur bonheur que de sa domination, offrant une protection efficace aux petits et aux faibles, grâce à ce zèle éclairé d'un seul homme très-bon et tout puissant.

Viennent ensuite les partisans de l'oligarchie, prétendant faire la même chose, et la faire mieux; ils disent qu'il y a plus de lumières dans plusieurs cerveaux que dans un seul, et promettent d'ailleurs la même bonne foi, la même équité.

Voici le peuple, enfin, qui déclare à grands cris ne vouloir obéir ni à un seul ni à plusieurs; pour les animaux eux-mêmes, ajoute-t-il, rien ne compense la liberté, et c'est en être privé que servir un roi ou les grands.

En résumé, la royauté nous sollicite par l'affection, l'oligarchie par la pluralité des connaissances, le gouvernement populaire par la liberté, si bien que, les comparant, on demeure irrésolu.

LÆLIUS. — Sans doute, mais il n'est guère possible d'éclairer le reste de la question, si tu laisses ce premier point indécis.

XXVIII. — Scipion reprit :

— Alors imitons Aratus, qui croit nécessaire, au début d'un grand sujet, de commencer par Jupiter.

LÆLIUS. — A quel propos, Jupiter? et quel rapport entre l'ouvrage du poëte de Soli et notre entretien?

SCIPION. — N'est-il pas juste de nommer d'abord Celui que les sages et les ignorants proclament d'un commun accord le Maître des Dieux et des hommes?

LÆLIUS. — Soit, je t'écoute.

SCIPION. — La raison, d'ailleurs, m'en semble frappante. Ce principe, qu'il existe au ciel un seul roi, souverain et père de toutes choses, faisant d'un signe de tête trembler l'Olympe, suivant l'expression d'Homère, ce principe essentiel dans l'intérêt des peuples fut-il posé par les premiers fondateurs des empires?

C'est alors une imposante autorité que ces nombreux témoignages, ou plutôt cette entente unanime des nations, — le grand nombre pouvant se prendre pour l'universalité, — qui, dociles au vœu de leurs chefs, reconnaissent l'excellence de la royauté, puisqu'elles admettent qu'un Maître unique gouverne les Dieux.

Cette croyance, au contraire, n'est-elle qu'une fable bonne pour les esprits grossiers, écoutons alors les précepteurs communs de tous les gens éclairés, eux qui semblent avoir vu d'une façon si lucide ce que nous avons tant de peine à connaître, nous, même avec leurs leçons.

LÆLIUS. — Et ces privilégiés, quels sont-ils?

SCIPION. — Les maîtres qui, grâce à l'étude approfondie de la nature, sont arrivés à prouver que ce monde tout entier est dirigé par une âme...

XXIX. — ... Mais veux-tu, Lælius, d'autres exemples moins anciens et moins barbares?

LÆLIUS. — Ceux-là, volontiers.

SCIPION. — Remarque d'abord qu'il s'est à peine écoulé quatre cents ans depuis que nous n'avons plus de rois.

LÆLIUS. — En effet.

SCIPION. — Une succession de quatre siècles dans l'existence d'une cité peut-elle s'appeler une longue période?

LÆLIUS. — C'est à peine, pour un État, l'âge adulte.

SCIPION. — Ainsi donc, à quatre cents ans de nous, il y avait un roi dans Rome.

LÆLIUS. — Un roi superbe.

SCIPION. — Et avant lui?

LÆLIUS. — Un roi très-juste, et ainsi de suite, en remontant jusqu'à Romulus, qui régnait il y a six cents ans.

SCIPION. — Aussi lui-même n'est-il pas très-ancien.

LÆLIUS. — Non, car il date de l'époque à peu près où la Grèce commençait à vieillir.

SCIPION. — Mais, dis-moi, Romulus fut-il roi d'un peuple barbare?

LÆLIUS. — Si, comme le disent les Grecs, on est Grec ou barbare, j'ai bien peur qu'il n'ait été un roi de barbares; mais, en appliquant ce terme aux mœurs et non point au langage, je ne crois pas les Romains plus barbares que les Grecs.

SCIPION. — Ici, du reste, peu importe le peuple, c'est du degré de civilisation qu'il s'agit, et puisque des hommes sages, d'une époque peu reculée, voulurent des rois, voilà des attestations qui, je le crois, ne sont ni trop anciennes, ni d'une grossière origine, ni sauvages.

XXX. — LÆLIUS. — Je vois, Scipion, que les autorités ne te manquent pas; mais, comme tout bon juge, aux témoins je préfère les preuves.

SCIPION. — Sers-toi dès lors, Lælius, d'un exemple tiré de ta propre expérience.

LÆLIUS. — Que veux-tu dire?

SCIPION. — Ne t'es-tu jamais, par hasard, emporté contre quelqu'un?

LÆLIUS. — Plus souvent que je ne l'aurais voulu!

SCIPION. — Eh bien, lorsque tu es irrité, laisses-tu la colère souveraine absolue de ton âme?

LÆLIUS. — Non, par Hercule, et j'imite cet Archytas de Tarente, arrivant à sa villa, où ses ordres avaient été mal compris, et disant à son métayer: « Malheureux, je te ferais mourir sous le bâton, si je n'étais en colère! »

SCIPION. — Très-bien! Archytas regardait

donc la colère, celle qui s'écarte du raisonnement, comme un désordre séditieux de l'âme, et voulait l'apaiser par la réflexion.

Ajoute l'avarice, ajoute l'amour du commandement et de la gloire, ajoute les passions voluptueuses, et tu verras qu'il se forme dans l'esprit de l'homme une sorte de royauté au profit d'un seul principe, la raison, cette meilleure partie de l'âme elle-même, dont l'empire ne laisse plus aucune place à l'emportement, aux exagérations de toute nature, à la volupté.

LÆLIUS. — Sans doute.

SCIPION. — Tu approuves donc une âme ainsi réglée?

LÆLIUS. — Complétement.

SCIPION. — Tu blâmerais, par conséquent, que les mauvais désirs et les passions haineuses, qui sont innombrables, chassant la raison, s'emparassent de l'homme tout entier?

LÆLIUS. — Je ne saurais rien concevoir de plus misérable qu'une telle dégradation de l'intelligence humaine.

SCIPION. — Tu veux alors placer toutes les parties de l'âme sous une même autorité, et cette suprématie, ce sera la raison qui l'exercerait?

LÆLIUS. — Oui, je le désire.

SCIPION. — Comment donc hésiter dans le choix d'un gouvernement, lorsque tu le vois, si l'autorité est partagée, il n'y a plus de souveraineté véritable, laquelle n'existe qu'à la condition d'être Une.

XXXI. — Lælius repartit :

— Qu'importe un seul ou plusieurs, je te prie, si la justice se rencontre également dans la pluralité?

SCIPION. — Je vois, Lælius, que mes autorités ne te font pas grande impression; je vais donc te prendre toi-même encore pour témoin à l'appui de mes assertions.

LÆLIUS. — Moi, comment cela...?

SCIPION. — Ne t'ai-je pas entendu naguère, à Formies, prescrire que tes esclaves n'obéissent absolument qu'à une seule personne?

LÆLIUS. — Oui, à mon métayer.

SCIPION. — Et à Rome, tes affaires sont-elles en plusieurs mains?

LÆLIUS. — Seul je m'en occupe.

SCIPION. — Mais enfin, pour tous tes biens, est-il un autre chef que toi?

LÆLIUS. — Non, pas d'autre.

SCIPION. — Pourquoi donc n'accordes-tu pas que, dans l'ordre politique, le pouvoir d'un seul, pourvu qu'il soit juste, est le meilleur?

LÆLIUS. — Tu m'amènes presque à cet avis.

XXXII. — SCIPION. — Tu le partageras entièrement, Lælius, lorsque, laissant de côté la comparaison d'un malade ou d'un vaisseau qu'il vaut mieux confier à un seul médecin ou à un seul pilote vraiment habiles qu'à plusieurs, j'arriverai à des considérations plus élevées.

Lælius. — Lesquelles?

Scipion. — Tu ne l'ignores pas, l'arrogance et la cruauté de Tarquin ont seuls rendu le nom de roi odieux aux Romains.

Lælius. — C'est vrai.

Scipion. — Tu sais aussi de quels faits je pourrai parler dans la suite de ce discours, lorsque, Tarquin chassé, le peuple fut pris du délire de sa liberté nouvelle : exil des innocents, pillage des biens, consuls annuels, faisceaux abaissés devant le peuple, droit d'appel en toutes circonstances, retraite des plébéiens; enfin cette suite d'événements qui tendait à donner au peuple tous les pouvoirs.

Lælius. — Telle était bien la situation.

Scipion. — Il est vrai qu'on jouissait alors d'une période de paix et d'inaction, et l'on peut se donner licence lorsque la traversée est bonne ou quand une indisposition n'offre aucun danger; mais que la mer commence à grossir, que la maladie menace de s'aggraver, aussitôt le voyageur et le malade implorent le secours du seul homme qui puisse les sauver.

De même pour notre nation : en paix, dans ses foyers, elle veut commander, menaçant, récusant, dénonçant, chassant ses magistrats ; mais survienne la guerre, il semble aussitôt que ce peuple obéisse à un roi, et toute passion mauvaise s'efface devant le salut de la patrie.

Nos pères ont même fait davantage ; dans les expéditions importantes ils voulurent un seul chef, sans collègue, dont le titre exprime toute l'étendue de son pouvoir : c'est le dictateur, du verbe *je dis* et *j'ordonne*, et tu vois que dans nos livres, Lælius, il est appelé le « maître du peuple. »

LÆLIUS. — C'est exact.

SCIPION. — Reconnaissons donc la sagesse de nos ancêtres...

XXXIII. — ... Lorsque le peuple perd un roi juste, on voit éclater la douleur qui, suivant Ennius, consterna Rome entière à la mort du meilleur des princes : « Les citoyens se rappelaient à l'envi, Romulus, divin Romulus, quel protecteur de la patrie ils avaient en toi, ô père des Romains, ô fils des Immortels ! »

Nos ancêtres n'appelaient point maître ni seigneur le chef dont ils suivaient les justes lois ; ils ne lui donnaient pas même le titre de roi, mais le nommaient protecteur de la cité, Père, et même Dieu. Avaient-ils tort, puisqu'ils ajoutaient : « C'est toi, Romulus, qui nous donnas le jour... » ? La vie, l'honneur, la gloire, ils croyaient en effet tenir tous ces biens de la justice de leur roi, et la postérité aurait gardé les mêmes sentiments si les souverains avaient conservé les mêmes vertus; mais l'injustice d'un seul, tu le vois, détruisit à jamais pour nous cette forme de gouvernement.

Lælius. — Sans doute, et je suis impatient d'étudier la marche de ces révolutions dans notre histoire comme chez les autres républiques.

XXXIV. — Scipion continua:

— L'orsque j'aurai développé toute ma pensée sur le meilleur système politique, il me faudra nécessairement parler avec quelque détail de ces grandes commotions publiques, quoique ce soit le danger le moins probable dans le gouvernement de mon choix.

Voici, quant à la royauté, son principal écueil et l'hypothèse la plus certaine de sa ruine: dès que le roi commet une première injustice, aussitôt cette forme périt; ce n'est plus que du despotisme, le plus vicieux de tous les systèmes, et cependant le plus voisin du meilleur.

Le prince a-t-il succombé sous un complot des grands, — et c'est l'usage, — l'État prend le second des trois modes constitutifs que j'ai indiqués, et il s'établit une sorte de conseil presque royal, c'est-à-dire paternel, composé des principaux citoyens, et veillant avec zèle à l'intérêt commun.

Enfin lorsque le peuple, de lui-même, bannit ou met à mort un tyran, il montre quelque modération tant qu'il conserve son jugement et sa raison, et, s'applaudissant de son ouvrage, veut maintenir l'ordre de choses qu'il vient de créer. Mais si jamais il s'attaque à un roi juste et lui arrache le pouvoir, ou même, exemple plus fréquent, a-t-il une fois goûté du sang des grands et prostitué l'État tout entier à ses honteux caprices, gardez-vous de penser qu'il soit d'incendies ou de tempêtes plus difficiles à maîtriser que l'insolence et la fureur de cette multitude déchaînée.

XXXV. — Alors s'offre le spectacle décrit par Platon avec tant de vérité, tableau que je vais m'efforcer de traduire dans notre langue, malgré la difficulté de suivre un pareil modèle :

« Quand le peuple, dévoré de la soif in« satiable de l'indépendance, ne boit plus « avec mesure, mais s'enivre à longs traits de « la liqueur funeste que lui prodiguent d'im« prudents échansons, malheur à ses chefs et « à ses magistrats, qui, dociles et complai« sants, s'ils ne lui versent pas à coupes plei« nes la liberté, se voient en butte à ses re« proches, à ses menaces, à ses poursuites,

« traités de despotes, d'usurpateurs, de ty« rans. »

Tu connais, je crois, ce passage?

LÆLIUS. — Parfaitement.

SCIPION. — Eh bien, voyons la suite :

« Obéissez-vous encore à quelque autorité, « c'est braver la colère du peuple, qui vous « jette l'injurieuse épithète d'esclaves vo« lontaires; en revanche, les magistrats qui « veulent bien s'assimiler à leurs inférieurs, « les plus infimes des citoyens, s'ils s'effor« cent d'effacer toute différence entre eux et « les magistrats, sont comblés d'éloges et « d'honneurs.

« Une semblable république ne doit-elle pas « se ruer à toutes les licences? Chaque fa« mille m'apparaît en proie à cette insolente « égalité; tout, les animaux eux-mêmes, tout « semble respirer l'anarchie!

« Le père redoute son fils, le fils ne sait plus « honorer son père. De contrainte, aucune, au « nom de la liberté générale. Rien ne distin« gue l'étranger du citoyen. Le précepteur « tremble devant ses élèves et les adule; les « disciples méprisent le maître. Les jeunes « gens marchent de pair avec les vieillards, « et les vieillards, à leur tour, descendent aux « folies de la jeunesse, pour ne paraître ni « odieux ni insupportables. Il n'y a pas jus« qu'aux esclaves qui n'aient leur part de « cette liberté; les femmes aussi réclament

« l'égalité des droits avec leurs maris; les « chiens enfin, les chevaux, les ânes même, « affolés de liberté, renversent dans leur « course tout ce qui leur fait obstacle.

« Où conduit ce dernier excès de la licence? « ajoute Platon ; à ce triste résultat de rendre « les citoyens tellement susceptibles, om« brageux, que la moindre apparence d'auto« rité les irrite et leur est odieuse, au point « même de mépriser bientôt les lois, pour se « trouver absolument sans maîtres. »

XXXVI. — LÆLIUS. — Voilà, certes, une fidèle traduction.

SCIPION. — Je reprends maintenant la suite de mon discours.

De cette extrême licence, la seule liberté pour eux, Platon, comme d'une tige funeste, fait naître le tyran; la trop grande puissance des optimates avait amené la chute de l'aristocratie, la liberté conduit ce peuple trop libre à l'esclavage.

Les extrêmes se touchent dans la température, la végétation, le corps humain, et surtout dans les gouvernements; l'excès de liberté publique ou privée amène l'excès de servitude, l'anarchie enfante le despotisme, l'abus de l'indépendance provoque l'oppression la plus injuste et la plus rigoureuse.

En effet, ce peuple farouche, indompté, choisit bientôt, pour le défendre contre les grands, abattus et déjà terrassés, quelque chef audacieux, impur, persécuteur insolent des citoyens souvent les plus dévoués, prodigue populaire de sa fortune et de celle des autres; puis, comme il n'y a plus de sécurité pour lui dans la vie privée, on lui donne, on lui continue le pouvoir, on l'entoure même de gardes, ainsi que pour Pisistrate d'Athènes, et cet homme finit par devenir le maître de ceux dont il est la créature.

Si les bons citoyens parviennent à le renverser, — cela se voit souvent, — l'État renaît; si les conspirateurs sont des ambitieux, une faction, c'est-à-dire une nouvelle tyrannie s'élève, et tel est, quelquefois aussi, le terme du régime si beau de l'aristocratie, quand les chefs, par malheur, sont jetés hors du droit chemin. Le pouvoir devient alors comme une balle que s'arrachent tour à tour, pour se la renvoyer, les tyrans et les rois, les optimates et le peuple, l'oligarchie et les tyrans, sans rendre stable, pendant longtemps, la même forme politique.

XXXVII. — De ces trois systèmes primitifs, je conclus que le meilleur est sans contredit la royauté; mais elle-même, la royauté, le cède au mode de gouvernement qui, par un juste équilibre, se formerait de leur triple mélange.

J'aime en effet, dans l'État, un pouvoir imposant et royal, puis une part d'influence laissée aux grands, puis encore certaines décisions réservées au jugement populaire; c'est une constitution qui d'abord présente un grand caractère d'égalité, indispensable aux peuples libres, et offre ensuite toutes les conditions de stabilité.

Les éléments dont j'ai parlé plus haut s'altèrent facilement et tombent dans les extrêmes, si bien qu'au roi succède le tyran, aux optimates l'oligarchie factieuse, au peuple la tourbe anarchique, et que souvent aussi ces perturbations se substituent l'une à l'autre. Au contraire, dans cette combinaison d'un gouvernement réunissant les trois autres avec sagesse et les mélangeant avec mesure, rien de semblable ne saurait arriver sans les plus grands vices chez les chefs, car il n'y a pas de prétextes à révolution dans un État où chacun, assuré de son rang, ne voit point au-dessous de lui, comme un précipice béant, une place libre pour y tomber.

XXXVIII. — Mais je craindrais, Lælius, et vous, mes chers et judicieux hôtes, que mon discours, si j'insistais plus longtemps, ne ressemblât plutôt à la leçon d'un maître qu'au familier entretien d'amis cherchant ensemble la vérité.

Passons donc à des faits bien connus de vous, étudiés depuis longtemps par moi-même, et qui me font penser, croire, affirmer que, de tous les gouvernements, aucun, par l'ensemble de sa constitution, avec l'organisation de ses détails, pour la garantie des mœurs publiques, aucun, je le répète, ne saurait soutenir la comparaison avec celui que nos pères reçurent de leurs aïeux et nous ont transmis à nous-mêmes.

Oui, puisque sur ce sujet, que vous possédez comme moi, il vous plaît cependant d'avoir mon opinion, je vous montrerai quel il est, ce gouvernement, et qu'il est le plus parfait de tous; prenant notre république pour modèle, je m'efforcerai de rapporter à cet exemple tout ce que j'ai à dire en cette circonstance, et si je mène à bonne fin cette entreprise, suivant moi j'aurai rempli, et au delà, la tâche que Lælius m'a confiée.

XXXIX. — Lælius. — Dis : l'honneur, Scipion, et un honneur t'appartenant en propre.

Quel autre parlerait, mieux que toi, soit des institutions de nos pères, toi le fils de si glorieux ancêtres; soit de la meilleure forme politique, toi qui, lorsque nous l'aurons conquise, — mais nous en sommes loin encore! — en occuperas le premier rang; soit enfin de l'intérêt de nos descendants, ô Scipion, toi qui, délivrant Rome de ses deux terreurs, lui as pour jamais assuré l'avenir!

LIVRE DEUXIÈME

LIVRE DEUXIÈME

I. — ... *Devant l'impatience* de ces auditeurs, Scipion prit la parole.

— Je commencerai par une pensée du vieux Caton, que j'ai particulièrement aimé, que j'admire hautement, vous ne l'ignorez pas, et auquel, soit par les sages conseils de ma double famille, soit de mon propre mouvement, je me consacrai dès ma jeunesse sans jamais me rassasier de ses entretiens; il possédait, en effet, l'expérience de la chose publique, qu'il gouverna si longtemps, si merveilleusement, et dans la paix et dans la guerre; une juste mesure du langage, sérieux avec grâce; le désir extrême de s'instruire, comme de partager son érudition; enfin une existence tout entière conforme à ses discours.

Notre supériorité politique, disait-il souvent, provient de ce fait: les autres États n'ont jamais eu que des grands hommes isolés, donnant des lois à leur patrie d'après leurs principes particuliers, Minos en Crète, Lycurgue à Lacédémone, et dans Athènes, théâtre de révolutions si nombreuses, Thésée, Dracon, Solon, Clisthène, puis tant d'autres, jusqu'au moment où, languissante, épuisée, cette cité trouva un nouvel appui dans les lumières de Démétrius de Phalère; notre république, au contraire, glorieuse d'une longue suite d'illustres citoyens, eut pour s'affermir, non pas la vie d'un seul législateur, mais plusieurs générations et des siècles successifs.

En effet, ajoutait Caton, jamais esprit ne s'est rencontré si vaste que rien ne pût échapper à sa prévoyance, et la réunion des plus grands génies serait encore incapable de tout embrasser d'un regard sans le secours du temps et de l'expérience.

Je vais donc, prenant pour guide ce maître vénéré, remonter jusqu'à « l'origine » du peuple romain, car je me sers volontiers de ses expressions elles-mêmes; d'ailleurs, le but me semble plus facile en vous montrant la naissance de Rome, son adolescence, sa jeunesse, puis sa vigoureuse maturité, que si je créais, comme Socrate dans Platon, une république imaginaire.

II. — Chacun applaudit, et il continua :

— Quelle cité peut s'enorgueillir d'une origine plus éclatante, aussi célèbre que cette ville, dont la fondation est due à Romulus, fils de Mars, — car il faut admettre l'antique et sage tradition de nos ancêtres croyant que tout bienfaiteur d'un peuple tient à la Divinité par sa naissance et son génie.

Romulus, à peine eut-il vu le jour, fut, dit-on, avec son frère Rémus, exposé sur le Tibre par ordre d'Amulius, roi des Albains, tremblant pour sa couronne.

L'enfant suça le lait d'une bête sauvage puis, recueilli par des bergers qui lui donnèrent une éducation agreste et laborieuse, il grandit si bien en vigueur corporelle et en force d'âme que, dans les champs où Rome s'élève aujourd'hui, ses compagnons, rendant hommage à cette supériorité, se mirent volontairement sous ses ordres.

Le nouveau chef, à leur tête, — raconte l'histoire qui prend ici la place de la fable, — surprit Albe-la-Longue, cité riche et puissante à cette époque, et tua le roi Amulius.

III. — Cette gloire acquise, il conçut alors le projet de fonder une ville et d'organiser régulièrement un État.

L'emplacement de cette ville, — car un semblable choix est des plus sérieux si l'on veut poser les assises d'une cité longtemps prospère, — fut désigné avec un rare bonheur

Romulus ne la rapprocha pas de la mer, chose facile avec les troupes et les ressources dont il disposait, soit en pénétrant sur le territoire des Rutules et des Aborigènes, soit en poussant jusqu'à l'embouchure du Tibre, à l'endroit où, plus tard, le roi Ancus conduisit une colonie.

Avec une admirable prudence il comprit, — ce génie supérieur, — que les sites voisins des côtes ne sont pas les plus favorables pour fonder les villes qui doivent prétendre à la durée et à l'empire, car les cités maritimes restent exposées non-seulement à de fréquents dangers, mais à des dangers imprévus.

La terre ferme trahit, par de nombreux indices, la marche prévue ou même les surprises de l'ennemi, qu'elle dénonce pour ainsi dire au seul bruit de ses pas, et il n'est point d'attaque si rapide, sur le continent, que nous ne puissions prévoir, sachant en outre quel est cet agresseur et d'où il vient; par mer, une flotte peut débarquer une armée avant même que son approche ne soit signalée; rien, dans sa marche, n'indique sa personnalité, sa nation, son but; aucun signe certain ne permet de reconnaître ses intentions pacifiques ou hostiles.

IV. — Les villes maritimes ont à redouter aussi le changement et la corruption des mœurs, car le commerce étranger, avec ses marchandises, apporte sans cesse des idiomes et des usages nouveaux, en sorte qu'il n'est rien de stable dans ces institutions nationales.

Les habitants eux-mêmes ne s'attachent pas à leurs foyers, la mobilité de leur imagination, leurs espérances les entraînent toujours au loin, et s'ils restent quelque temps sédentaires, c'est leur esprit alors, amoureux de pérégrinations, qui court l'aventure.

Rien ne contribua davantage à la décadence, à la chute de Carthage et de Corinthe que cette vie errante, cette dispersion des citoyens, auxquels le plaisir des voyages, l'attrait du commerce faisaient abandonner les soins de l'agriculture et le goût des armes.

Il faut ajouter que l'importation, les victoires navales, fournissent au luxe de ces villes toutes les séductions funestes, et le charme des sites maritimes semble inviter par lui-même à de folles dépenses, aux corruptions énervantes de l'oisiveté. Enfin, ce que j'ai dit pour Corinthe pourrait sans doute s'appliquer à toute la Grèce, car le Péloponèse est baigné presque entièrement par la mer, à l'exception du territoire des Phliasiens, et hors de la péninsule, les Énianes, les Doriens et les Dolopes sont les seuls peuples non marins.

Parlerai-je des îles grecques, aux mœurs plus agitées, aux institutions plus changéantes que leur mouvante ceinture de flots? Encore est-il question ici de l'ancienne Grèce seulement. Quant à ses colonies, dispersées en Asie, en Thrace, en Italie, en Sicile, en Afrique, laquelle, excepté Magnésie, n'est pas battue de la vague? Partout une couronne de villes grecques semble enserrer le territoire des Barbares, car avant leur établissement deux peuples avaient seuls connu la mer, les Étrusques, les Carthaginois, ceux-ci trafiquants, ceux-là pirates.

On voit ainsi la cause manifeste des calamités et des révolutions de la Grèce : elle tient à ces vices des cités maritimes, que j'ai brièvement énumérés; mais ces vices offrent à leur tour un immense avantage : les flots apportent dans la ville les denrées de l'univers, et permettent, en échange, d'envoyer au bout du monde les produits de vos propres champs.

V. — Quelle heureuse combinaison permit donc à Romulus de réunir les avantages d'une cité maritime et d'en éviter les périls?

Il bâtit sa Ville sur les rives d'un fleuve dont les eaux profondes et constamment égales se déversent dans la mer par une large embouchure; communication facile, ce cours du Tibre, pour procurer au nouveau peuple tout ce qui lui manquait et porter au loin son superflu, route naturelle pour tirer de l'Océan tous les objets nécessaires ou agréables à la vie, et les faire parvenir dans l'intérieur des terres les plus reculées.

Je le croirais volontiers, Romulus eut la divine prescience que cette cité deviendrait le siége, le centre d'un empire puissant, car, placée sur tout autre point de l'Italie, jamais ville n'aurait pu maintenir une si vaste domination.

VI. — Quant à ses remparts naturels, quel homme, le plus indifférent soit-il, n'en a pas remarqué l'ensemble et retenu les détails ingénieux?

Les murailles furent construites par Romulus et ses successeurs avec une sagesse prévoyante; elles s'appuient de tous côtés sur des montagnes à pic, laissant un accès entre les monts Esquilin et Quirinal seulement, passage à son tour fermé par un immense retranchement et un fossé profond.

La citadelle, déjà défendue par la hauteur et l'isolement du roc qui lui sert de base, est si bien fortifiée que, lors même du débordement effroyable des Gaulois se ruant sur l'Italie, elle resta libre et intacte.

Enfin Romulus sut choisir un terrain arrosé par des sources nombreuses, et salubre au milieu d'une contrée pestilentielle, car là s'élèvent des collines toujours ventilées d'un souffle pur, et qui de leur ombre protégent la vallée.

VII. — Cette ville, Rome, du nom de son fondateur, fut promptement achevée, et, pour affermir la cité nouvelle, Romulus conçut un projet étrange, violent, mais d'un politique habile, préparant de loin l'avenir et la fortune de son peuple.

Les jeunes filles des plus nobles familles sabines étaient venues pour assister au premier anniversaire des jeux annuels dédiés à Consus; Romulus les fait enlever dans le cirque et les donne comme épouses à ses plus braves guerriers.

Ce rapt arme les Sabins contre Rome; mais, au milieu d'un combat dont l'issue restait douteuse, les vierges conquises se font médiatrices de la paix; Romulus conclut alors une alliance avec le roi Tatius, l'admet au partage de son autorité royale, et accorde aux deux peuples le même droit de cité, les mêmes sacrifices.

VIII. — Lorsque Tatius mourut, le pouvoir tout entier revint à Romulus, qui déjà, d'accord avec celui-ci, avait institué un Conseil du Roi formé des principaux citoyens, auxquels l'affection publique décerna le titre de Pères.

Il avait aussi partagé le peuple en trois tribus, — appelées du nom de Tatius, du sien, et de celui de Lucumon, tué à ses côtés dans le combat contre les Sabins, — puis en trente curies, désignées également par les noms des jeunes épouses conciliatrices.

Enfin, quoique toutes ces institutions eussent été créées quand Tatius vivait encore, Romulus, une fois Tatius mort, ne s'appuya que davantage sur l'ascendant et la sagesse des Pères.

IX. — Il pensait donc, — cette conduite le prouve, — comme Lycurgue de Sparte, quelques années plus tôt : c'est-à-dire que le pouvoir d'un seul, la royauté, est pour les États la meilleure forme de constitution, quand, à ce gouvernement fort, on peut joindre l'appui des bons citoyens.

Avec le secours de ce Conseil, de ce Sénat, il termina heureusement quelques guerres contre des peuplades voisines, et ne se lassa point d'enrichir ses sujets, sans jamais se réserver la moindre part du butin.

Par un usage que nous conservons encore, au grand profit du salut commun, Romulus témoigna d'un respect profond envers les Auspices, consultés lors de la fondation de Rome, — ce qui fut la première base de la république, — et dans toutes ses créations importantes il eut soin de s'associer un Augure choisi dans chacune des tribus.

Enfin il mit le peuple sous la clientèle des grands, mesure dont j'examinerai tous les avantages, et, comme la fortune consistait alors en terres et en troupeaux, — d'où les expressions qui dans notre langue désignent la richesse, — les punitions furent des amendes payables en bœufs et en moutons, car il ne recourait point à la rigueur des châtiments corporels.

X. — Après un règne de trente-sept ans, quand il eut fondé ces deux illustres appuis de la République, les Auspices et le Sénat, Romulus, dont la gloire était au comble, disparut soudain pendant une éclipse de soleil, et obtint cet honneur d'être placé par la croyance publique au rang des Dieux, opinion qui ne s'est jamais accréditée pour aucun mortel sans avoir comme fondement l'éclat de vertus surhumaines.

Cette apothéose offre même cela de remarquable que les autres hommes divinisés le furent en des temps favorables à la fiction, car l'ignorance conduit à la crédulité; Romulus, au contraire, vivait il y a moins de six cents ans, à une époque où les sciences et les lettres, déjà fort anciennes, avaient dépouillé ces antiques erreurs d'une société grossière et inculte.

Comme on l'établit en effet dans les annales des Grecs, si Rome fut fondée dans la deuxième année de la septième olympiade, l'existence de Romulus coïncide avec un siècle où la Grèce, déjà pleine de poëtes et de musiciens, n'ajoutait plus foi qu'aux fables d'une haute antiquité.

La première olympiade est de cent huit ans postérieure aux lois de Lycurgue, quoique une erreur de nom ait fait attribuer l'institution des olympiades à Lycurgue lui-même. Or, l'opinion qui rapproche le plus Homère de nos jours, le fait vivre trente ans avant Lycurgue. Il est donc évident qu'il précéda de beaucoup Romulus, et l'instruction s'était assez répandue pour rendre difficile toute fiction nouvelle...

Cependant on admit l'apothéose de Romulus dans un siècle où le monde avait déjà vieilli, où l'humanité s'était éclairée; oui, le fondateur de Rome inspira cette admiration profonde pour son génie et ses vertus, et dès lors les mêmes esprits qui, plusieurs siècles auparavant, auraient déjà refusé de croire rien de semblable d'un autre mortel, acceptèrent le récit d'un homme simple, Proculus, lorsque, sur l'ordre des sénateurs voulant éloigner d'eux tout soupçon de meurtre, il affirma que Romulus venait de lui apparaître sur la colline appelée aujourd'hui mont Quirinal priant de lui faire élever à cette place un temple par le peuple romain, car il était dieu, sous le nom de Quirinus.

Vous venez de voir ainsi le génie d'un homme donner naissance à un peuple qu'il ne laissa pas dans les premiers langes, mais dont il surveilla le développement et qu'il conduisit presque jusqu'à l'âge de puberté.

XI. — LÆLIUS. — Nous te voyons aussi adopter dans cette discussion un système tout nouveau dont les livres des Grecs n'offrent pas d'exemple.

Le prince de leurs philosophes, Platon, le plus grand des écrivains, s'était donné toute liberté pour bâtir sa ville imaginaire, conception admirable sans doute, mais trop étrangère aux mœurs humaines, à la vie réelle. D'autres réformateurs, sans prendre aucun modèle, sans proposer aucun type de république, ont disserté sur les différentes constitutions des États. Il semble que tu veuilles, à ton tour, réunir les deux méthodes, préférant attribuer à autrui tes découvertes que de bâtir en ton nom des systèmes, comme Socrate dans Platon; faisant honneur à Romulus, pour la fondation de sa ville, de dispositions qui furent peut-être l'effet du hasard ou de la nécessité, bref, ne laissant pas ton discours s'égarer sur mille exemples, et consacrant à Rome seule tes études.

Poursuis donc la route ainsi commencée; car tu vas nous montrer, je crois, en analysant chaque règne, une constitution bientôt complète et régulière.

XII. — SCIPION. — Après la mort de Romulus, le Sénat, — composé des premiers citoyens élevés si haut par ce prince qu'il leur avait fait donner le nom de Pères, et celui de Patriciens à leurs enfants, — tenta de gouverner par lui-même la République; mais le peuple ne le souffrit pas, et dans son deuil profond ne cessa de réclamer un roi.

Les optimates, alors, imaginèrent prudemment une forme d'interrègne inconnue aux autres nations : l'État, en attendant le chef qui régnerait définitivement, ne resta pas sans roi, mais le temps de cette royauté provisoire fut limité, dans la crainte qu'une longue jouissance du pouvoir ne donnât de la répugnance à le déposer, ou des forces pour s'y maintenir.

Ainsi, tout d'abord, ce peuple nouveau comprit une chose qui avait échappé au législateur de Lacédémone, car Lycurgue, — en admettant que la question dépendît de lui, — n'institua pas de rois électifs, et stipula pour toute condition que le prince fût du sang d'Hercule, tandis que nos rustiques ancêtres regardèrent le mérite et la sagesse, pour arriver au trône, comme des titres bien préférables à la naissance.

XIII. — La renommée désignait Numa Pompilius pour cet honneur; le peuple, oubliant ses propres candidats sur le conseil même du Sénat, choisit donc un roi d'une origine étrangère, et ce fut un habitant de Cures, un Sabin, qui vint régner sur Rome.

Dès son arrivée, Numa, quoique nommé dans les comices par curies, proposa de lui-même, pour la sanction de son pouvoir, une loi curiate; puis, voyant quelle ardeur belliqueuse les institutions de Romulus avaient allumée dans tous les cœurs, il voulut détourner un peu ses sujets de leurs habitudes guerrières.

XIV. — Et d'abord, il divisa par tête, entre les citoyens, les terres conquises; il leur fit comprendre que, sans recourir à la dévastation et au pillage, on peut se procurer, par la culture des champs, tout le bien-être de la vie; il leur inspira l'amour du repos et de la paix, ces fidèles garants de la justice sociale, ces protecteurs les plus puissants de l'agriculture et de ses richesses.

Numa institua les grands Auspices, ajouta deux augures au nombre primitif, choisit parmi les principaux citoyens cinq pontifes sacrificateurs, et, par des lois que nous conservons dans nos archives, calmant ces cœurs tout entiers à la passion de la guerre, il les tourna vers le culte pacifique des Dieux.

Il établit en conséquence les Flamines, les Saliens, les Vestales, et soumit aux règles les plus saintes les moindres détails de la religion; pour les sacrifices, il voulut que les cérémonies fussent très-compliquées et les offrandes très-simples; le sacerdoce enfin exigea des connaissances étendues, sans ostentation extérieure, une piété plus sincère que dispendieuse.

Ce fut lui qui, le premier aussi, mit en usage les marchés, puis il multiplia les jeux, les fêtes, les solennités capables de réunir, de rapprocher les hommes, et ramena de la sorte à la douceur, à la sociabilité, l'esprit de ses sujets, rendus violents et farouches par leur amour des armes.

Après avoir ainsi régné pendant trente-neuf ans d'une paix profonde, — pour adopter les calculs de notre ami Polybe, dont aucun historien n'égale l'exactitude chronologique, — Numa Pompilius quitta la vie, laissant à Rome deux nobles gages d'une longue existence, la Religion et la Clémence.

XV. — Comme Scipion achevait ces mots, Manilius lui demanda :

— Que faut-il croire de cette tradition qui fait Numa disciple de Pythagore lui-même, ou du moins partisan de ses doctrines? Je l'ai souvent entendu dire par des vieillards, et telle est l'opinion générale; cependant, rien dans nos annales publiques n'en démontre la vérité.

SCIPION. — Voilà une assertion fausse de tous points, et non-seulement c'est une erreur, mais c'est une erreur grossière, absurde, car le mensonge devient réellement intolérable lorsque, non content de l'imposture, il veut encore faire croire à l'impossible.

L'histoire nous l'apprend, ce fut la quatrième année du règne de Tarquin le Superbe que Pythagore vint à Sybaris, à Crotone, et dans cette partie de l'Italie. La soixante-deuxième olympiade forme la date commune de l'élévation de Tarquin au trône et du voyage de Pythagore. Il est donc facile de reconnaître, en calculant la durée de chaque règne, que cent quarante ans s'étaient écoulés depuis la mort de Numa quand Pythagore visita pour la première fois l'Italie, fait incontestable pour les érudits versés dans les sciences chronologiques.

MANILIUS. — Dieux immortels, combien la croyance contraire semble générale et profondément enracinée! Au reste, je vois sans peine le peuple romain redevable de sa formation, non pas à des doctrines importées d'outre-mer, mais à la seule force de ses vertus natives.

XVI. — SCIPION. — Cette conviction se fortifiera davantage à mesure que, suivant la marche successive de notre République, tu la verras s'avancer à pas de géant, et comme par un progrès naturel, vers la perfection.

Tu apprécieras alors la sagesse de nos ancêtres s'appropriant, il est vrai, toutes les institutions étrangères qu'ils trouvaient bonnes, mais les transformant, les améliorant jusqu'à les rendre excellentes; tu comprendras enfin que la puissance de Rome n'est pas le seul résultat du hasard, et que son empire vient d'une politique prudente, d'une sage discipline, servies, je l'avoue, par une heureuse fortune.

XVII — Après Numa, le peuple, sur la proposition d'un roi par intérim, offrit le trône à Tullus Hostilius, dans une délibération des comices par curies, et le nouvel élu, prenant son devancier pour modèle, fit ratifier son élévation à l'empire par les curies assemblées.

Sa gloire fut surtout militaire, et ses exploits, comme guerrier, remarquables. Il entoura la place des Comices, il décora le palais du Sénat avec le butin fait sur les vaincus. On lui doit les formes légales pour les déclarations de guerre, équitable usage que consacre l'intervention religieuse des Féciaux, et dès lors toute guerre entreprise sans ces formalités passa pour injuste et sacrilége.

Remarquez aussi quel soin nos rois prirent

toujours de certaines prérogatives populaires, sage politique sur laquelle je reviendrai souvent; Tullus, par exemple, n'osa pas, sans un ordre du peuple, revêtir les insignes de la royauté ni se faire précéder par les douze licteurs avec les faisceaux...

XVIII. — LÆLIUS. — Cette République, dont tu retraces l'origine avec tant d'éloquence, ne marche pas à la perfection, elle y vole.

SCIPION. — Après Tullus, un descendant de Numa par sa fille, Ancus Martius, nommé roi, eut soin également de demander la sanction de son pouvoir à une loi curiate.

Vainqueur des Latins, il les admit au droit de cité, réunit à la ville les monts Aventin et Cœlius, distribua les fruits de ses victoires, — aux citoyens, les terres labourables, au domaine public, d'immenses forêts voisines de la mer, — fonda une colonie à l'embouchure du Tibre, et mourut après un règne de vingt-trois ans.

LÆLIUS. — Voilà certes un prince digne aussi de nos louanges, mais combien l'histoire romaine est obscure, puisque nous connaissons la mère d'Ancus Martius et ne pouvons nommer son père.

SCIPION. — Sans doute; dans ces siècles reculés, seuls les noms des rois sont entourés de quelque lumière.

XIX. — Rome, pour la première fois, va subir l'influence d'une civilisation étrangère, et ce n'est pas alors un simple ruisseau qui nous apporte les Arts de la Grèce, mais un fleuve prodiguant à grands flots ses Sciences et ses Lettres.

Démarate, le premier des habitants de Corinthe par le rang, le crédit, les richesses, impatient du joug de Cypsélus, s'enfuit avec ses trésors et vint à Tarquinies, ville très-florissante des Étrusques; puis, apprenant que la tyrannie de Cypsélus s'affermissait, Démarate, avec un courage égal à son amour de la liberté, renonça pour jamais à sa patrie, se fit recevoir citoyen de Tarquinies afin d'y fixer sa fortune et sa demeure, et comme de son union avec une femme de cette ville il lui naquit deux enfants, à ces enfants il donna toute une éducation grecque...

XX. — ... *L'un d'eux* fut aisément admis au droit de cité dans Rome, et par la politesse de ses mœurs, par son instruction si complète devenu cher au roi Ancus, il passa bientôt pour le confident de tous ses projets et sembla même partager avec lui le pouvoir souverain.

Sa bienveillance était du reste extrême envers les moindres citoyens, et le favori prodiguait ses conseils, sa protection, ses services, ses largesses personnelles.

Aussi, le roi Ancus mort, le peuple choisit-il unanimement Lucius Tarquin, — car celui-ci avait ainsi transformé le nom grec de sa famille, pour suivre en tous points les usages de ses concitoyens adoptifs.

Lucius, quand il eut fait sanctionner son pouvoir, doubla d'abord le nombre primitif des Pères, appelant les sénateurs de vieille date, qu'il consultait toujours les premiers, « Pères des anciennes familles », et ceux de création récente, « Pères des familles nouvelles ».

Il donna ensuite à l'ordre des chevaliers l'organisation qui subsiste encore aujourd'hui; mais, malgré son désir de changer les anciens noms de Titienses, Rhamnenses, Lucères, il dut y renoncer dissuadé par Attus Nœvius, le célèbre Augure. On sait que les Corinthiens assignaient, eux aussi, des chevaux pour le service public, et les entretenaient au moyen d'une taxe prélevée sur les célibataires et les veuves. Lucius ajouta donc de nouvelles compagnies équestres aux premières, et il y eut alors douze cents chevaliers, nombre encore doublé après la défaite des Èques, nation puissante, guerrière, menaçante pour Rome.

Il repoussa également une agression des Latins, les décima grâce à sa cavalerie, et triompha de ce peuple; nous apprenons enfin qu'il institua, le premier, les grands jeux appelés « Jeux Romains; » que, dans la guerre contre les Sabins, il fit vœu, au plus fort de la mêlée, de construire un temple à Jupiter Très-Bon, Très-Grand, sur le mont Capitolin; et qu'il mourut après un règne de trente-huit ans.

XXI. — Lælius. — Tout justifie le mot si vrai de Caton, et notre République ne fut l'œuvre ni d'un siècle, ni d'un seul homme. On distingue clairement les sages institutions, le progrès dont nous sommes redevables à chaque règne. Nous voilà, du reste, arrivés au souverain qui me semble, entre tous, avoir le mieux compris l'art du gouvernement.

Scipion. — Oui, tel fut Servius Tullius, le premier qui monta sur le trône sans un ordre du peuple.

On le croit, en général, fils d'une femme esclave de Tarquinies et d'un client du roi. Élevé parmi les familiers du prince, qu'il servait à table, c'est là que l'intelligence de cet enfant se révéla, dans les moindres actions, dans toutes ses paroles. Aussi, Tarquin, dont les fils étaient encore au berceau, l'aimait-il si tendrement qu'il passa pour son père, et mit-il un soin particulier à l'instruire, d'après le plus complet modèle de l'éducation grecque, dans les arts qu'il avait appris lui-même.

Lorsque ce roi succomba sous les embûches des fils d'Ancus, Servius — je l'ai dit plus haut — commença de régner, non sur l'ordre, mais de l'aveu bienveillant du peuple. On répandit la fausse nouvelle que Tarquin survivait à sa blessure ; le jeune homme parut alors en public avec les insignes de la puissance souveraine, rendit la justice, soulagea par ses bienfaits les débiteurs en détresse, montra l'affabilité la plus grande, et déclara qu'il agissait au nom du roi, évitant ainsi de se confier au Sénat.

Enfin, après les funérailles de Tarquin, Servius recourut pour son compte aux suffrages favorables du peuple, et son mandat suprême une fois régularisé par une loi spéciale, il vengea d'abord, les armes à la main, les provocations des Étrusques...

XXII. — ... *Il créa* dit-huit *centuries équestres* du premier ordre, puis cette grande quantité de chevaliers une fois bien distincte, il divisa le reste du peuple en cinq classes, tenant compte des différences d'âge, réglant cette distribution de manière à donner la supériorité des suffrages non à la multitude, mais aux riches, fidèle à une règle politique immuable : ne pas laisser les plus nombreux devenir les plus puissants.

Si cette combinaison vous était inconnue, j'en retracerais le tableau, mais il suffit d'en indiquer le résultat. Les centuries de la première classe et celles des chevaliers avec leurs six suffrages, — auxquelles on joint la centurie des charpentiers, à cause de leur utilité dans la ville, — formaient quatre-vingt-neuf centuries ; il suffisait ainsi de huit centuries, — parmi les cent quatre qui restaient, — venant se joindre aux premières, et le vote populaire obtenait son plein effet, comme s'il eût été unanime. Les quatre-vingt-seize autres centuries, bien supérieures en nombre, n'étaient donc pas exclues du droit de suffrage, ce qui aurait paru despotique, mais ne jouissaient pas non plus d'un trop grand pouvoir, ce qui eût présenté des dangers.

Servius choisit même avec soin les termes distinctifs de ces castes. Il désigna les riches d'un nom indiquant les secours pécuniaires qu'ils fournissent à l'État. Quant à ceux qui n'avaient pas plus de quinze cents as, ou qui même ne possédaient rien que leur personne, — et dans une seule des quatre-vingt-seize centuries on comptait plus de citoyens inscrits que dans la première classe tout entière, — il les appela « prolétaires, » pour indiquer qu'il leur demandait seulement de donner des enfants à la République.

Personne n'était donc privé du droit de suffrage, mais la prépondérance demeurait aux citoyens les plus intéressés à la prospérité de l'Etat...

XXIII. — ....*Telle était Carthage*, de soixante-cinq ans plus ancienne que Rome, car elle fut fondée trente-neuf ans avant la première olympiade; dans une antiquité plus reculée encore, Lycurgue semble avoir poursuivi le même but; ce système d'égalité, ce mélange de trois formes de gouvernement peut donc nous avoir été commun avec les Carthaginois et les Spartiates.

Mais je dois ici faire ressortir, autant que possible, un caractère particulier de notre constitution, le plus admirable de tous, et dont les autres États ne sauraient offrir aucun exemple.

A Lacédémone, à Carthage, et dans l'histoire même de Rome, jusqu'à présent nous avons bien trouvé la fusion de ces trois systèmes politiques, mais nous n'en avons pas vu la juste pondération.

En effet, pour tout pouvoir perpétuel régissant une cité, mais avant tout dans le pouvoir royal, — cette ville eût-elle un Sénat, comme nous sous les rois, ou Sparte avec les lois de Lycurgue, et le peuple conservât-il quelques droits, ainsi que nous, jadis aussi, — le titre de roi fait toujours pencher la balance, et cette cité devient une monarchie de fait et de nom, sorte de gouvernement le plus sujet aux révolutions, car il suffit de la faute d'un seul homme pour le précipiter aux dernières extrémites.

Certes, en elle-même, la royauté n'est pas une forme vicieuse, et j'oserais même la dire supérieure à tous les autres gouvernements simples, si je pouvais approuver aucune forme simple, en fait de gouvernement ; cette préférence, d'ailleurs, s'applique seulement à la royauté quand elle garde son véritable caractère, c'est-à-dire lorsque le pouvoir perpétuel d'un seul, son équité, sa haute sagesse, garantissent la sécurité, l'égalité, le repos général.

Alors, sans doute, il manque encore bien des choses au peuple gouverné par un roi, il lui manque surtout la liberté, qui consiste non pas à servir un bon maître, mais à n'avoir pas de maître ; toutefois...

XXIV. — ... Pendant quelque temps, ce prince injuste et cruel vit la fortune propice à toutes ses entreprises.

Il conquit le Latium entier, prit Suessa Pometia, ville puissamment riche, et avec l'or et l'argent pillés il acquitta le vœu de son aïeul et bâtit le Capitole. Il fonda aussi des colonies, et suivant l'usage des contrées dont il était originaire, il envoya, comme prémices de son butin, de magnifiques offrandes à Delphes, pour orner le temple d'Apollon.

XXV. — Ici commence une de ces révolutions politiques dont il faut étudier, dès le début, le cours naturel et les vicissitudes, car le point capital de la science politique, objet de notre entretien, est de connaître la marche et la déviation des États, afin que sachant vers quel écueil incline chaque gouvernement, on puisse arrêter ou prévenir ces tendances funestes.

Voyons, par exemple, ce dernier roi dont le vertige s'empare après le meurtre d'un prince excellent. Il redoute une expiation effroyable, et, dès lors, n'a plus qu'un but : se faire craindre ! Du haut de ses victoires, du haut de ses trésors, ivre d'orgueil, ivre de despotisme, il n'est bientôt plus maître de lui-même, ni des siens. En effet, son fils aîné déshonore Lucrèce, fille de Trécipitinus, épouse de Collatin, et pour se laver d'un semblable outrage, cette noble et chaste femme se donne la mort.

C'est alors qu'un homme de génie et de vertu, Junius Brutus, brise ce joug infâme et sanglant ; simple citoyen, il assume les destinées de l'État, et le premier parmi nous enseigne cette grande maxime que, pour sauver la liberté, tout homme est magistrat ; à sa voix, à son exemple, Rome indignée se lève, jure de venger Lucrèce, son père, sa famille, se rappelle la tyrannie de Tarquin, l'insolence de ses fils, et le roi, et ses fils, et toute la race des Tarquins sont chassés à jamais !

XXVI. — Voyez comme du roi sortit le maître, et comment, par le crime d'un seul, une bonne forme de gouvernement devint la pire des constitutions.

Or, j'entends par maître ce que les Grecs appellent tyran, car ils réservent le nom de roi pour le souverain qui veille comme un père sur le peuple, et dont tous les efforts tendent au bien-être, au bonheur de ses sujets.

Ce mode politique est bon, je le répète, mais aussi combien il est proche du plus détestable, du plus pernicieux de tous! A peine un roi a-t-il cessé d'être juste qu'il devient tyran, et dès lors rien de plus horrible, de plus repoussant, de plus haïssable aux hommes et aux Dieux. S'il conserve la face humaine, le despote n'en dépasse pas moins, en férocité, les fauves les plus redoutables. Comment donner le nom d'homme à ce monstre qui ne veut admettre ni communauté de droits avec ses concitoyens, ni devoirs sociaux envers le reste de l'humanité!

Mais nous trouverons une occasion meilleure pour parler de la tyrannie, lorsque notre sujet nous aura conduits à juger les ambitieux qui, après l'affranchissement de Rome, cherchèrent à usurper le pouvoir absolu.

XXVII. — Vous avez donc sous les yeux le premier modèle du tyran. C'est le nom que les Grecs donnent aux mauvais princes; chez nous, on appela rois, indistinctement, tous ceux qui exercèrent sans partage une autorité perpétuelle, et voilà pourquoi Cassius, Manlius, Sp. Melius, puis Tib. Gracchus naguère, furent accusés d'aspirer au trône...

XXVIII. — ....Lycurgue, à Lacédémone, établit un « Conseil des Vieillards, » — trop peu nombreux, car il se composait de vingt-huit membres seulement, — et l'investit du droit suprême de délibération, tandis que le roi conservait le droit absolu de commandement. Nos ancêtres imitèrent cette assemblée, et traduisirent même son titre pour l'appliquer au Sénat, — témoin Romulus à l'égard des « Pères » qu'il avait choisis, — et dans ce système, également, la force, la prépondérance appartinrent au pouvoir royal.

Lycurgue et Romulus avaient accordé, il est vrai, quelques droits au peuple, non de façon à le rassasier de liberté, mais comme pour lui permettre graduellement d'en faire l'essai; à quoi bon, cependant, puisque sur sa tête restait incessamment suspendue cette menace, trop souvent justifiée, d'un prince pouvant régner par l'injustice, — destinée bien fragile pour une nation, celle qui repose tout entière sur les caprices ou la volonté d'un seul homme!

XXIX. — Ainsi le premier exemple, le type, l'origine de la tyrannie, nous l'avons trouvé dans cette République même fondée par Romulus sous la protection des Dieux, sans qu'il soit besoin de l'emprunter à cette autre cité imaginaire que Platon nous représente dans les entretiens péripatétiques de Socrate.

Nous avons vu Tarquin, non qu'il usurpât une puissance nouvelle, mais par l'abus du pouvoir qu'il possédait, causer la chute du gouvernement monarchique.

Opposons maintenant à ce despote un prince vertueux, sage, capable d'assurer le bonheur et la gloire de ses concitoyens, une sorte de tuteur, un véritable intendant de la République, car c'est le nom qui convient à tout chef, à tout défenseur d'un État.

Eh bien, cet homme, comment le reconnaître ? C'est celui qui, par le conseil et l'action, peut protéger la patrie; et comme son nom ne s'est pas encore présenté dans cet entretien, puisque, plus d'une fois dans la suite, nous aurons à traiter de ses devoirs, *essayons d'en ébaucher le portrait...*

XXX. — ... *Platon divise son territoire et les propriétés de chaque citoyen* en parties rigoureusement égales, se proposant, avec sa République, plus désirable que possible, et circonscrite à des limites si restreintes, moins un plan susceptible de réalisation qu'un modèle sur lequel on puisse étudier tous les rouages de la politique.

Pour moi, si mes forces y suffisent, j'essayerai d'appliquer les mêmes principes, non pas au vain simulacre d'une société imaginaire, mais sur le plus puissant empire du monde, de manière à toucher du doigt, pour ainsi dire, les causes de la prospérité et de la décadence des États.

Quand la royauté, après une durée d'un peu plus de deux cent quarante années, en comptant quelques interrègnes, disparut avec Tarquin, le peuple prit pour le nom de roi autant de haine qu'il avait éprouvé de douleur à la mort, ou plutôt à la disparition de Romulus, et, s'il ne pouvait d'abord se passer de rois, après l'expulsion de Tarquin ce titre lui-même fut proscrit...

XXXI. — ... Dans cet esprit, nos ancêtres bannirent Collatin, malgré son innocence, comme suspect par sa famille, et les autres Tarquins en haine de leur nom.

Obéissant aux mêmes idées, P. Valérius, dans ses harangues au forum, fit le premier abaisser les faisceaux devant le peuple, et donna l'ordre de reporter au pied du mont Vélia les matériaux d'une demeure qu'il faisait bâtir au sommet de cette colline, quand il vit le choix de cet emplacement où le roi Tullus avait habité, exciter quelques soupçons.

Mais son nom de Publicola, ce nom glorieux, il le mérita surtout en proposant la première loi reçue dans les comices par centuries, et défendant à tout magistrat de mettre à mort ou de passer par les verges le citoyen qui en appelait au peuple.

Il faut le dire cependant, le droit d'appel avait existé sous les rois, comme l'attestent les Livres des Pontifes, et aussi nos archives augurales; les Douze-Tables indiquent, en plusieurs passages, que l'on pouvait appeler de toute sentence et de tout châtiment; l'élection des décemvirs législateurs, avec un pouvoir déclaré sans appel, démontre assez que les autres magistratures étaient soumises à cette restriction; par une loi de leur consulat, V. Potitius et Horatius Barbatus, sagement populaires afin de rétablir la concorde, défendirent toute magistrature sans appel; enfin les trois lois Porcia, dues, vous le savez, aux trois Porcius, n'ajoutèrent que la sanction pénale.

Publicola, sa loi protectrice adoptée, fit sur-le-champ supprimer les haches des faisceaux consulaires, et le lendemain, s'étant donné Lucrétius pour collègue, comme le nouveau consul était plus âgé, il lui envoya ses licteurs, exemple d'après lequel on décida que chacun de ces magistrats serait à son tour, et pendant un mois, précédé de licteurs, pour ne pas établir dans Rome libre des insignes du pouvoir plus multiples que sous les rois.

Il ne fut donc pas un esprit ordinaire, à mon sens, l'homme qui, moyennant quelques concessions libérales au peuple, rendit l'influence des grands plus facile, plus sûre ; et si de préférence je fouille les souvenirs du vieux temps, c'est que, dans ces siècles illustres, d'illustres citoyens me fournissent les exemples dont j'appuierai le reste de mon discours.

XXXII. — Telle était alors la situation où le Sénat maintenait la République : chez ce peuple si libre, peu de choses se faisaient par le peuple, les traditions, l'influence, la volonté des sénateurs disposant de presque tout l'empire ; si le pouvoir des consuls était annuel dans sa durée, il se manifestait monarchique par la nature de ses attributions ; enfin, on défendait surtout avec vigueur ce principe sur lequel reposait toute la puissance des nobles, à savoir que les décrets du peuple, pour avoir force de lois, devaient être approuvés par le Sénat.

Vers cette époque aussi, dix ans après la création des consuls, remonte l'institution de la dictature en la personne de T. Larcius, nouvelle forme de pouvoir qui parut bien voisine de la royauté. Cependant les principales familles gardaient encore une prépondérance que le peuple leur consentait, et de grands exploits militaires furent accomplis, en ces temps-là, par de vaillants hommes investis d'un pouvoir suprême sous le nom de consuls et de dictateurs.

XXXIII. — Mais la force même des choses voulait que le peuple, affranchi de ses rois, cherchât à conquérir le plus grand pouvoir possible, et cette révolution nouvelle s'accomplit dans le bref délai de seize années environ, sous le consulat de Cominius et de Sp. Cassius.

La raison ne manqua-t-elle pas à cette entreprise? En politique, le fait l'emporte souvent sur la raison.

Rappelez-vous mes premières paroles : un État où les droits, les prérogatives ne sont pas dans un équilibre parfait, un État qui ne donne point à ses magistrats un pouvoir suffisant, assez d'influence aux délibérations des grands, assez de liberté au peuple, cet État n'a rien de stable, et c'est ainsi que, parmi nous, les dettes excessives ayant mis le désordre à son comble, le peuple se retira sur le mont Sacré, puis sur l'Aventin.

L'austère [illegible]cipline de Lycurgue se vit également imp[illegible]ssante, en Grèce, contre un mouvement se[illegible]blable, et sous le roi Théopompe, les cinq magistrats appelés Éphores à Sparte, les dix Cosmes, chez les Crétois, furent éta blis en opposition au pouvoir royal, comme les tribuns du peuple, ici, pour contrebalancer la puissance consulaire.

XXXIV. — Il y aurait eu sans doute, pour nos ancêtres, un palliatif à ce fléau de la dette, et Solon lui-même, quelques années plus tôt, en pareille occurrence, n'avait pas ignoré les secours nécessaires ; notre Sénat aussi ne négligea point le remède, quand la cruauté d'un créancier excitant l'indignation générale, tous les citoyens enchaînés comme débiteurs furent délivrés, et cet esclavage désormais aboli.

A toutes les époques où des calamités publiques ramenèrent pour le peuple cette misérable condition, on avait imaginé, dans l'intérêt commun, quelque soulagement à son malheur ; mais cette sage politique une fois négligée, ce fut dans Rome l'occasion d'un changement qui, par la création de deux tribuns, au milieu d'une émeute, affaiblit d'autant le pouvoir et la prépondérance du Sénat.

Toutefois, le Sénat put conserver encore beaucoup de son influence et de sa grandeur, composé qu'il était des citoyens les plus expérimentés, les plus braves, également habiles à protéger la République par leurs armes et leurs conseils ; — dont l'ascendant s'exerçait par ce fait seul que, supérieurs par leur haute dignité, ils ne luttaient avec personne dans la recherche des plaisirs, et n'avaient surtout qu'une fortune bien modeste ; — dont les vertus publiques, enfin, étaient d'autant plus populaires que, dans toute circonstance privée, ils secouraient fraternellement chaque citoyen de leurs avis, de leurs démarches et de sacrifices personnels.

XXXV. — Vous voyez la situation de Rome, quand Sp. Cassius, enhardi par son immense popularité, voulut s'emparer de la puissance royale, puis, accusé par le questeur, fut, vous le savez, de l'aveu du peuple, reconnu coupable et puni de mort par son père.

Cinquante-quatre ans environ après l'établissement du Consulat, Tarpeius et Aternius proposèrent, dans les comices par curies, une chose agréable au peuple, la substitution d'une amende aux châtiments corporels.

Vingt ans plus tard, la rigueur des censeurs Papirius et Pinarius ayant fait passer dans le domaine public, à force d'amendes, la presque totalité du bétail des particuliers, la confiscation en nature fut à son tour remplacée par une évaluation pécuniaire des plus modiques, sur une loi des consuls Julius et Papirius.

XXXVI. — Mais quelques années avant cette époque, alors que le Sénat exerçait une suprématie incontestée par le peuple docile, un nouveau système fut encore adopté; les consuls, les tribuns abdiquèrent leurs charges, et dix magistrats suprêmes, sans appel, furent créés pour exercer le pouvoir souverain et rédiger un corps de lois.

Lorsqu'ils eurent composé, avec beaucoup de prudence et de justice, dix tables de lois, ils firent, citoyens consciencieux, nommer pour les remplacer, l'année suivante, d'autres décemvirs dont la vertu et la loyauté, malheureusement, ne méritent pas les mêmes éloges.

On cite néanmoins un trait honorable de C. Julius, membre de ce Collége; dénonçant comme meurtrier le patricien L. Sestius, de la chambre duquel il avait vu enlever un cadavre, il consentit, quoique magistrat tout-puissant, quoique décemvir sans appel, à recevoir caution pour l'accusé, afin de ne pas répudier, dit-il, cette admirable loi qui permettait seulement aux comices assemblés par centuries de prononcer sur la vie d'un citoyen romain.

XXXVII. — Ces décemvirs gouvernèrent pendant trois années sans vouloir se donner de successeurs.

C'était là pour Rome, je l'ai répété souvent, une situation qui ne pouvait se prolonger puisque l'équilibre était rompu entre les différents ordres de l'État; seuls, les grands disposaient de la République par cette élévation de dix hommes de la première noblesse, sans le contre-poids des tribuns, sans le contrôle d'aucune autre magistrature, sans recours au peuple contre les verges et la hache.

Aussi leur injustice produisit-elle tout à coup un bouleversement affreux, une révolution complète; ils venaient en effet de publier deux tables nouvelles de lois iniques, l'une d'elles, entre autres, interdisant toute alliance entre plébéiens et patriciens, alors que ces mariages n'étaient pas défendus même aux étrangers, — prohibition que, du reste, un plébiscite de Canuleïus fit abolir; — ils abusaient enfin du peuple, sous toutes les formes, au profit de leur débauche, de leur avarice, de leur despotisme.

On sait, — tous nos monuments littéraires en portent témoignage, — comment Virginius immola sa fille, en plein forum, pour la soustraire à l'infâme passion de l'un des décemvirs; comment, dans son désespoir, il vint chercher un refuge auprès de l'armée, campée sur l'Adige, et comment les soldats, abandonnant la guerre commencée, se rendirent aussitôt sur le mont Sacré, à l'exemple d'une première retraite semblable, puis sur l'Aventin, qu'ils occupèrent en armes...

XXXVIII. — ... Ainsi parla Scipion, et ses auditeurs, dans un respectueux silence, attendaient qu'il reprît son discours, lorsque Tubéron lui dit :

— Puisque mes aînés se taisent, veux-tu savoir, Scipion, ce que je reprocherais à ton entretien?

SCIPION. — Bien volontiers.

TUBÉRON. — N'as-tu pas répondu par l'éloge du gouvernement de Rome à la question de Lælius sur le gouvernement en général? Et cette République même, comblée par toi de tant de louanges, tu ne nous apprends pas jusqu'ici par quels principes, quelles mœurs, quelles lois on peut l'établir ou la conserver.

XXXIX. — SCIPION. — Nous aurons bientôt, je le suppose, une occasion plus convenable pour traiter de la fondation et de la durée des États.

Quant au meilleur gouvernement, je croyais avoir répondu suffisamment à Lælius. En effet, j'ai distingué d'abord trois formes politiques dignes d'approbation, puis, en opposition, trois autres systèmes des plus funestes; mais en même temps j'ai déclaré que, parmi ces premiers modes, aucun n'était parfait en soi, et j'ai désigné comme préférable une constitution formée de leur triple mélange.

Rome m'a servi, non pas à définir l'organisation la plus satisfaisante, car pour ce but facile je n'avais pas besoin d'exemple, mais à montrer l'application de nos principes au plus puissant des empires.

Si maintenant vous persistez à rechercher la meilleure forme de République, en dehors de toute comparaison particulière, prenons l'image de la nature...

XL. — ... C'est le modèle que je cherche depuis longtemps et auquel j'étais impatient d'arriver.

LÆLIUS. — Celui de l'homme politique?

SCIPION. — Précisément.

LÆLIUS. — Parmi les personnes ici présentes le choix semble facile, et pourquoi ne pas commencer par toi-même?

SCIPION. — Plût aux dieux que le Sénat, en fait de grands citoyens, nous offrît la même proportion. Mais quel est donc ce chef de l'État! Je le comparerai volontiers au Numide qui, monté sur un éléphant gigantesque, le maintient et le gouverne à son gré par un signe, et pour ainsi dire par la seule impulsion de sa volonté.

LÆLIUS. — J'ai vu souvent ce spectacle, en Afrique, quand je te servais de lieutenant.

SCIPION. — Encore l'Éthiopien n'a-t-il que ce colosse à diriger, et souvent même l'animal apprivoisé connaît les habitudes de son guide; mais combien de monstres sauvages cette part de l'âme, l'intelligence, pour l'appeler par son nom, ne doit-elle pas dominer, enchaîner, subjuguer! Aussi le triomphe est-il rare sur cette bête féroce, la populace, qui, prompte à tout excès, ivre de sang, peut à peine se rassasier de victimes palpitantes, et demande pour la diriger un bras implacable!

XLI. — LÆLIUS. Je vois maintenant quelle tâche, quelle œuvre tu imposes à cet homme rare dont j'attendais le portrait.

SCIPION. — Un seul devoir, pour ainsi dire, mais qui comprend tous les autres : s'étudier, travailler sans cesse à sa propre perfection, entraîner chacun vers cet exemple, devenir enfin, par l'éclatante pureté de son âme et de sa vie, comme un miroir offert à ses concitoyens.

La flûte et la lyre, les modulations du chant forment, dans l'art musical, avec la diversité de leurs notes, un concert où la moindre dissonance blesserait une oreille délicate, mais dont l'ensemble produit, par une habile combinaison des tons les plus opposés, un accord plein de charme; de même une cité, dans la science du gouvernement, par le mélange et l'équilibre de tous les ordres, les plus élevés comme les plus humbles, obtient aussi l'accord politique; bref, ce que les musiciens appellent harmonie, l'homme d'État le nomme concorde, et cette union sociale, gage le meilleur et le plus sûr de la stabilité d'un gouvernement, ne saurait exister sans la justice...

XLII. — ... Alors Scipion reprit :

— Oui, je le pense comme toi, c'est fausseté de prétendre que la chose publique ne peut être gouvernée sans le secours de l'injustice; il n'est pas un État durable, au contraire, s'il ne s'appuie sur une équité suprême.

Toute notre controverse sur la République serait non avenue si cette vérité ne vous était démontrée, et certes je croirais inutile d'aller plus loin. D'ailleurs, n'est-ce pas assez pour aujourd'hui, et puisqu'il nous reste encore bien des questions à traiter, demain nous réunira pour la suite de notre discussion.

Et tout le monde partageant cet avis, l'entretien de ce jour fut terminé.

LIVRE TROISIÈME

LIVRE TROISIÈME

... L'homme, à son origine, émettait d'une voix mal articulée des sons rauques et confus.

L'intelligence lui suggéra bientôt l'art de varier la prononciation, et attachant à chaque chose, comme signe distinctif, un mot particulier, le doux commerce du langage réunit ainsi les hommes, auparavant isolés.

Grâce encore à l'intelligence, toutes les inflexions de la voix, qui semblaient infinies, furent représentées, notées par un petit nombre de caractères convenus, permettant de converser avec les absents, de perpétuer nos volontés, de transmettre les souvenirs du passé; puis enfin l'usage des nombres se vulgarisa, découverte si nécessaire à la vie, la seule chose éternellement immuable, science qui la première, élevant nos regards vers le ciel, nous apprit à ne pas contempler indifféremment la marche des astres et à calculer la division des jours et des nuits...

... Quelques hommes, alors, dont les âmes s'élevaient plus haut, se montrèrent, soit par la pensée, soit par leurs actions, vraiment dignes de ce bienfait des Dieux.

A ces moralistes, qui tracèrent les règles de la vie humaine, donnez le titre de grands hommes, car ils le sont bien réellement; regardez-les comme des savants profonds, comme les docteurs de la vérité, de la vertu, j'y consens! Mais du moins reconnaîtra-t-on que l'art social et le gouvernement des peuples, dans leur mise en œuvre par les hommes d'État, ou dans les spéculations qu'ils fournissent à l'éloquence paisible de ces mêmes philosophes, loin d'être une science méprisable, font éclore chez les esprits bien doués, — nous en avons des preuves illustres, — une grandeur incroyable et presque divine; et lorsque, à ces hautes facultés naturelles, développées encore par les institutions civiles, on joint, suivant l'exemple des personnages de cet entretien, une instruction solide et des connaissances étendues, comment ne pas obtenir le premier rang?

Quoi de plus admirable, en effet, que l'expérience des grands problèmes de la politique unie au goût, à la connaissance des arts de l'esprit? Où trouver des hommes plus parfaits que Scipion, Lælius, Philus, qui, pour réunir tous les éléments du mérite et de la gloire, voulurent, aux traditions de leurs aïeux et aux leçons domestiques, ajouter les doctrines étrangères professées par Socrate. Aussi tout citoyen voulant et pouvant ces deux choses, allier les pratiques de nos ancêtres aux lumières de la philosophie, mérite-t-il à mes yeux tous les éloges.

Sans doute, s'il fallait absolument choisir entre ces deux routes ouvertes par la sagesse, on supposerait peut-être plus heureuse l'existence tranquille que l'étude et les lettres absorbent tout entière; mais la vie consacrée aux affaires politiques est bien autrement digne de gloire, et les premiers de nos citoyens s'illustrèrent ainsi, Curius, entre autres, « dont rien ne triompha, ni le fer ni l'or »...

... Cette différence *entre nos grands hommes* la voici : chez les premiers, le développement des principes naturels résultait de l'étude et des arts ; chez les autres, il était la conséquence des institutions et des lois.

Rome, à elle seule, produisit un nombre considérable, je ne dirai pas de sages, puisque la philosophie accorde si rarement ce titre, mais de citoyens méritant au moins des louanges éternelles pour avoir mis en pratique les leçons et les découvertes des sages.

Énumérez maintenant tous les États fameux dans le passé, dans le présent, songez que la plus grande œuvre du génie, en ce monde, est de constituer une république durable, et voyez alors, à ne compter qu'un législateur par chaque cité, si nous jetons les regards, en Italie, sur le Latium, le peuple sabin, les Volsques, le Samnium et l'Étrurie, si nous étudions avec soin la grande Grèce, et si nous passons ensuite aux Assyriens, aux Perses, aux Carthaginois, voyez, dis-je, quelle foule de grands hommes, *et combien de fondateurs d'empires!...*

I. — ... Philus dit alors :

— Vous me chargez d'une belle cause en voulant me faire l'avocat de l'injustice!

— Craindrais-tu, répondit Lælius, que, développant la thèse ordinaire contre la justice, on t'accusât d'exprimer tes sentiments, toi le plus parfait modèle de la loyauté, de l'honneur antique, toi dont on connaît l'habitude de discuter le pour et le contre de toute question, comme le moyen le plus sûr d'arriver à la vérité?

— Eh bien, reprit Philus, vous le désirez, je vais me plonger volontairement dans la fange.

On fait tout pour trouver l'or; nous qui cherchons la justice, quelles répugnances ne braverions-nous pas?

Et puisque je vais exprimer les opinions d'un étranger, pourquoi ne puis-je aussi reproduire fidèlement son langage ; mais non, c'est Furius Philus qui répétera, bien incomplètement, ce que disait le Grec Carnéade, si habile à se jouer des thèses les plus contradictoires...

II. — ... *Aristote*, dans quatre livres assez étendus, traite cette question de la justice.

Quant à Chrysippe, je n'en pouvais attendre rien d'élevé, rien de grand, car, fidèle à sa méthode, il pèse toutes choses au poids des mots et non pas à celui des idées.

Toutefois, il était digne des héros de la philosophie de lutter pour une vertu qui, si elle existe, est tout bienfaisance, tout générosité, préfère les autres à soi, et vit pour eux bien plutôt que pour elle ; oui, c'était une chose digne de ces demi-dieux de relever la Justice à tous les yeux, pour l'asseoir sur un trône éternel auprès de la Sagesse.

Telle était leur volonté, sans doute, et leurs écrits ne pouvaient avoir d'autre sujet, d'autre but. Le talent non plus ne leur manquait pas, et chacun reconnaît leur génie. Mais la faiblesse d'une cause semblable devait paralyser leur zèle, stériliser leur éloquence ; ce droit, en effet, qui nous occupe, peut exister en tant que droit civil, mais non pas comme droit naturel, car le sentiment du juste et de l'injuste serait à ce titre le même pour tout le monde comme les saveurs douces et amères, comme la sensation du chaud et du froid.

III. — Supposons quelqu'un « porté sur le char aux dragons ailés » dont parle Pacuvius, et du haut des airs regardant à ses pieds tant de villes et de nations diverses, que verra-t-il?

En Égypte, chez ce peuple où l'histoire conserve le souvenir de siècles et d'événements innombrables, un bœuf est adoré sous le nom d'Apis, et ce n'est pas la seule monstruosité, car des animaux de toutes sortes y figurent au rang des Dieux.

La Grèce, comme nous, consacre des temples somptueux à des idoles de forme humaine, et ces monuments, les Perses, de leur côté, les regardent comme une impiété; de sorte que si Xerxès, dit-on, fit incendier les temples d'Athènes, c'est qu'il croyait sacrilége de renfermer dans d'étroites murailles des Dieux dont l'univers entier est le séjour; plus tard encore, quand Philippe projeta, lorsque Alexandre entreprit la guerre contre les Perses, ce fut sous le prétexte de venger la profanation de ces mêmes temples, que les Grecs, eux, n'avaient pas voulu relever, afin de laisser éternellement sous les yeux de la postérité cette preuve du crime des Barbares.

Combien d'hommes, — les habitants de la Tauride, le roi d'Égypte Busiris, les Gaulois, les Carthaginois, — se sont pieusement crus agréables aux Dieux par des sacrifices humains!

Quelle différence aussi dans les mœurs de chaque peuple : la Crète et l'Étolie honoraient le brigandage; pour les Lacédémoniens, leur territoire s'étendait à tous les lieux qu'ils pouvaient frapper du fer de leur lance; les Athéniens avaient coutume de déclarer par un serment public que toute terre produisant l'olivier et le froment leur appartenait.

Les Gaulois trouvent déshonorants les travaux de l'agriculture, et vont, l'épée à la main, moissonner les champs de l'ennemi. Nous-mêmes, Romains, — le plus équitable des peuples! — pour élever le prix de notre vin et de notre huile, nous ne permettons pas aux nations transalpines ces mêmes produits, et puisque c'est faire, dit-on, acte de prudence, sinon acte de justice, vous voyez en quoi la sagesse diffère de l'équité. Lycurgue, enfin, ce parfait législateur, cet observateur scrupuleux du droit, ne condamnait-il pas le peuple à cultiver, comme un esclave, les terres des riches?

IV. — Si je voulais rappeler tous les genres de lois, d'institutions, de mœurs, de coutumes, non pas dans leur variété de peuple à peuple, mais pour une seule ville, Rome, par exemple, quels changements à signaler, par milliers.

Manilius, notre savant jurisconsulte, questionné sur les legs et les héritages des femmes, répondrait aujourd'hui tout autrement que dans sa jeunesse, avant la loi Voconia, qui, promulguée dans l'intérêt des maris, se montre pleine d'injustice envers les femmes.

Comment, en effet, une femme n'est-elle pas habile à posséder? Pourquoi une vestale peut-elle instituer un héritier et une mère de famille ne le peut-elle point? Pourquoi donc, s'il fallait fixer des limites à la richesse des femmes, la fille unique de Crassus héritera-t-elle, sans blesser la loi, de cent millions de sesterces, tandis que la mienne ne pourrait recueillir le plus modeste patrimoine?...

V. — ... *La justice n'est pas un sentiment inné*, sinon tous les hommes admettraient le même droit, dont ils ne changeraient pas en changeant de climat.

L'obéissance aux lois forme, paraît-il, le premier devoir d'un bon citoyen; mais à quelles lois faut-il obéir, et sera-ce à toutes, indistinctement? La vertu n'admet pas cette inconstance, la nature ne supporte point de semblables contradictions; d'ailleurs les lois s'appuient sur la sanction d'une peine, et non sur l'assentiment de notre justice, d'où je conclus qu'il n'y a point de droit naturel, et que les hommes ne sont pas justes par nature.

Direz-vous que si les lois varient, tout citoyen vraiment vertueux n'en suivra pas moins les règles de l'éternelle justice, de préférence à celles d'une justice de convention, car le propre d'un caractère équitable et sage est précisément de rendre à chacun ce qui lui revient?

Eh bien, quels sont alors nos devoirs envers les animaux? Des esprits de premier ordre, Pythagore et Empédocle, des génies, proclament un droit uniforme pour toutes les créatures vivantes, et menacent d'un châtiment terrible la moindre violence envers un être animé. C'est donc un crime d'attenter à la vie d'un animal...

VI. — ... La prudence nous dit d'accroître sans cesse notre pouvoir, d'augmenter nos richesses, d'étendre nos possessions.

Comment Alexandre, ce conquérant par excellence dont les armes asservirent même l'Asie, aurait-il pu, sans violer le territoire d'autrui, fonder ce vaste empire, et s'enivrer de toutes les jouissances de l'orgueil, de l'ambition, du despotisme satisfaits?

La justice, au contraire, nous ordonne de respecter les droits privés, de veiller aux intérêts du genre humain, de rendre à chacun ce qui lui est dû, de ne point toucher aux propriétés sacrées ou profanes.

Alors qu'arrive-t-il? Richesses, crédit, autorité, grandeur, l'empire [illegible], tout devient le partage de ceux-là qui écoutent la prudence, hommes ou peuples.

Mais puisque nous traitons ici des États, les exemples publics seront plus frappants, et comme les principes du droit restent les mêmes pour les nations et pour les particuliers, il vaut mieux, à mon avis, choisir notre point de comparaison dans la marche politique d'un peuple.

VII. — Je laisse de côté les autres nations pour prendre seulement Rome, que Scipion, dans son discours d'hier, a suivie dès le berceau, et dont l'empire étreint aujourd'hui le monde entier.

Est-ce par la justice, est-ce par une politique prudente que, du plus petit des peuples, *nous sommes devenus le peuple-roi?*

Tous les conquérants qui se succèdent, les Romains eux-mêmes, triomphateurs universels, s'ils voulaient être justes, c'est-à-dire s'ils restituaient chacune de leurs usurpations, n'auraient plus que leurs cabanes primitives pour y végéter dans l'extrême misère, — à l'exception cependant des Arcadiens et des Athéniens qui, dans la crainte sans doute de ce grand acte d'équité possible un jour, se prétendent nés du sol lui-même, comme les musaraignes dans nos champs sortent de terre.

VIII. — ... Quiconque usurpe le droit de vie et de mort sur le peuple est un tyran, malgré le nom de roi qu'il préfère prendre, ce titre réservé à Jupiter Très-Bon.

Si les richesses, la naissance, ou tout autre moyen d'action, mettent le pouvoir aux mains de quelques citoyens, ce fait ne constitue qu'une faction, qui cependant veut s'appeler aristocratie.

Lorsque le peuple domine, avec son caprice pour seule loi, on parle de l'avénement de la liberté, mais c'est celui de la licence.

Enfin, une fois que, par une défiance mutuelle, on se redoute l'un l'autre, d'homme à homme, caste contre caste, il se forme entre le peuple et les grands, à la suite de cette crainte générale, une alliance de laquelle résulte ce genre mixte de gouvernement vanté par Scipion.

La justice est fille, non de la nature ou de notre volonté, mais de notre faiblesse, et si l'on avait le choix entre ces trois conditions faire le mal et ne pas le souffrir, le faire et le souffrir, ou n'avoir pas à le faire ni à le souffrir, le mieux serait assurément d'être injuste avec impunité, s'il était possible, puis de ne pas causer de préjudices et de n'en pas éprouver, tandis que le sort le plus misérable est sans contredit de toujours lutter, soit comme oppresseur, soit comme opprimé...

IX. — On ajoute à ces arguments l'opinion de certains philosophes dont la parole a d'autant plus de poids que, pour une discussion où l'homme de bien est en jeu, c'est-à-dire l'homme droit et sincère, ils n'apportent eux-mêmes dans la controverse ni subtilités, ni ruses, ni sophismes.

L'attrait de la vertu pour le sage, disent-ils, ne consiste pas dans le plaisir personnel, spontané de sa justice et de sa bonté, mais en ce fait que la vie de l'homme vertueux reste exempte de soucis, de craintes, de dangers, tandis qu'à l'âme des méchants s'attache infailliblement quelque remords, car le vice a sans cesse en perspective les tribunaux, les supplices, et il n'existe pas de bien si précieux qui puisse compenser les transes perpétuelles d'un châtiment inexorable, toujours suspendu sur nos têtes...

X. — Prenons deux hommes, l'un plein de vertu, de bonne foi, d'honneur, de justice ; l'autre, d'une impudente scélératesse.

Supposons maintenant un peuple abusé, regardant le bon citoyen comme un criminel, un monstre, un sacrilége, tandis que l'homme pervers jouit d'une haute réputation d'honneur et de probité; par suite de cette erreur de l'opinion, le juste est persécuté, emprisonné, mutilé, aveuglé, torturé, passé par les fers, passé par les flammes, ou bien proscrit, il meurt de misère loin de sa patrie, et paraît enfin le plus malheureux des hommes, le plus justement misérable; environnons d'autre part le méchant des adulations, des hommages, de l'affection générale; sur sa tête accumulons tous les honneurs, tous les commandements, toutes les richesses; bref, qu'il soit proclamé, d'un avis unanime, le meilleur de tous et le plus digne du bonheur!

Est-il personne assez aveugle pour hésiter entre ces deux destinées?

XI. — Vérité pour les individus, vérité pour les États. Quel peuple insensé ne préférerait pas régner par l'injustice que tomber, par la justice, dans l'esclavage?

Je ne chercherai pas mes exemples bien loin, car pendant mon consulat je me suis trouvé juge du traité de Numance, vous ayant tous pour conseillers. Or, Pompée avait signé le traité, — on le savait parfaitement, — et la situation de Mancinus restait la même. Homme vertueux, Mancinus appuya la loi que je proposai d'après le sénatus-consulte;

Pompée, au contraire, la combattit avec violence.

L'honneur, la probité, la bonne foi, vous les trouvez dans Mancinus; mais s'agit-il de sagesse, de bonne politique, de prudence, combien Pompée lui est supérieur...

XII. — Vous possédez un esclave infidèle, une maison insalubre, dont vous êtes seul à connaître les vices; laisserez-vous l'acheteur dans l'ignorance, si vous les mettez en vente, ou déclarerez-vous l'esclave fugitif, la maison pestilentielle? Oui; c'est l'acte d'un homme de bien, parce que vous ne trompez personne, mais vous passerez pour un maladroit, car vous ne vendrez pas ou vendrez à vil prix. Non; c'est de l'habileté, votre fortune s'en augmentant, mais par cette fraude vous devenez un malhonnête homme.

Autre hypothèse : une personne vous livre de l'or ou de l'argent, croyant vendre du similor, ou seulement du plomb; tairez-vous cette méprise, pour acheter bon marché, ou la déclarerez-vous, quitte à payer très-cher, ce qui semblera toujours une sottise.

La justice ordonne, avant tout, de respecter la vie et les biens de nos semblables.

Or, que fera l'homme juste, dans un naufrage, à la vue d'un passager moins robuste, qui s'est emparé d'une épave? Ne l'arrachera-t-il pas à ce malheureux, pour s'y cramponner à son tour et se sauver, surtout en pleine mer, et sans témoins. S'il est sage, il n'hésitera pas, sinon, la mort; s'il aime mieux périr que porter la main sur un autre homme, il fait preuve de justice, sans doute, mais c'est un fou qui prend pour la vie d'un autre un soin qu'il n'a point de la sienne.

De même encore, pendant une déroute, lorsque, poursuivi par les vainqueurs, notre juste rencontrera un blessé monté sur un cheval, l'épargnera-t-il, au risque d'être tué lui-même, ou lui prendra-t-il sa monture pour échapper à l'ennemi? Dans le premier cas, c'est un stoïque, mais un insensé, et dans le second, un homme prudent, mais un méchant homme...

XIII. — SCIPION. — ... J'aurais déjà, Lælius, réfuté de semblables sophismes, si nos amis ne désiraient pas, comme moi, te voir prendre part à notre entretien.

N'as-tu pas dit hier que tu parlerais peut-être trop, à notre gré? Rien n'est à craindre de semblable, et nous te prions instamment de rompre le silence.

LÆLIUS. — ... *Cette thèse en faveur de l'injustice* ne doit pas être écoutée de notre jeunesse. Carnéade, à juger de ses sentiments par ses discours, était un homme corrompu, ou s'il ne pensait pas ce qu'il disait, et j'aime à le croire, son plaidoyer n'en semble pas moins affreux...

XIV. — Lælius. — Il est une loi véritable, la droite raison, conforme à la nature, inscrite dans tous les cœurs, immuable, éternelle, dont la voix enseigne, prescrit le bien, détourne du mal qu'elle défend, et soit par ses ordres, soit avec ses prohibitions, ne s'adresse jamais inutilement aux bons et ne reste pas impuissante même chez les méchants.

Cette loi ne saurait être contredite par rien, ni rapportée en partie, ni tout entière abrogée; le Sénat, le peuple ne peuvent nous délier de notre obéissance à son égard; elle est à elle-même son interprète, son propre commentateur; elle ne sera pas autre dans Rome, autre dans Athènes, différente aujourd'hui, différente demain; chez toutes les nations, à toutes les époques, elle règne, une, éternelle, immuable.

Le maître de l'univers, Dieu, souverain de la création, voulut, sanctionna, promulgua cette loi, et l'homme ne peut la méconnaître sans se renier lui-même, sans dépouiller son caractère humain, sans assumer les plus graves expiations, eût-il évité d'ailleurs tout ce que vulgairement on appelle supplices...

XV. — ... Oui, la vertu veut être honorée; et quelle autre récompense, sinon la gloire, serait digne d'elle? Mais, si elle reçoit ces respects comme une couronne, elle ne les exige point à titre de dette...

A l'homme juste, quels trésors offrirez-vous, quels trônes, quels empires? Ce sont là, pour lui, des récompenses purement humaines, et les biens qu'il possède, il les considère comme d'essence divine.

L'ingratitude populaire, la haine de quelques envieux, des ennemis puissants peuvent dépouiller la vertu de ses récompenses, mais elle trouvera toujours en elle-même une source de consolations, et avant tout, un soutien dans sa propre beauté...

XVI. —... Tib. Gracchus, à son retour d'Asie, persévéra dans la justice à l'égard des citoyens, mais ne respecta point les droits ni les traités consentis à nos alliés et au peuple latin.

Si pareille doctrine de violence et d'arbitraire devait faire des progrès, si notre empire, fondé sur la justice, n'allait plus recourir qu'à la force, s'il fallait que les peuples dont l'obéissance est encore volontaire cédassent désormais à la terreur, peut-être nos veilles auraient-elles suffi pour le salut de la génération présente; mais je ne serais pas sans inquiétude sur le sort à venir de Rome, dont l'immortalité dépend du respect de nos traditions antiques, du maintien de nos mœurs nationales.

XVII. — Quand Lælius eut ainsi parlé, chaque auditeur lui témoigna son extrême plaisir, et plus que tous les autres, Scipion, ravi jusqu'à l'enthousiasme lui dit :

— Je t'ai souvent entendu plaider, Lælius, avec un tel succès, que j'osais à peine te comparer Galba, notre collègue, — dont tu plaçais en première ligne, de son vivant, le talent plein de grâce, — ou même la gloire d'aucun orateur athénien, *mais jamais ton éloquence ne s'est élevée plus haut et dans une plus noble cause.*

XVIII. — SCIPION. — ... Comment appeler République, c'est-à-dire chose du peuple, un État où la cruauté d'un seul pesait sur tous, où il ne restait ni lien légal, ni concorde, ni société, rien enfin de ce qui constitue un peuple?

Il en fut de même pour Syracuse, cette cité superbe, que Timée appelle la plus grande des villes grecques, et la plus belle de toutes les villes. Son admirable citadelle, ses ports, qui pénétrant jusqu'au cœur de la ville en venaient baigner les quais, ses larges rues, ses portiques, ses parvis sacrés, ses remparts, n'en pouvaient faire une République, malgré toutes ses merveilles, tant que Denys régnait, car rien de tout cela n'appartenait au peuple, qui, lui, appartenait à un homme.

Ainsi donc, partout où règne un tyran, non-seulement la chose publique est défectueuse, comme je le disais hier, mais la raison nous le fait avouer, il n'en existe plus le moindre vestige.

XIX. — LÆLIUS. — C'est admirablement parler, et j'aperçois où tend ce discours.

SCIPION. — Tu comprends alors qu'un État, s'il est tout entier au pouvoir d'une faction, ne peut pas davantage être appelé la chose du peuple.

LÆLIUS. — C'est tout à fait mon avis.

SCIPION. — Et tu as raison, car en réalité que devint Athènes, après la grande guerre du Péloponèse, quand elle fut livrée à l'injuste domination des Trente!

L'antique gloire de cette cité, le pompeux aspect de ses édifices, son théâtre, ses gymnases, ses portiques, ses propylées célèbres, la citadelle, les chefs-d'œuvre de Phidias, le magnifique port du Pirée, suffisaient-ils à en faire une République?

LÆLIUS. — Non, certes, car rien de tout cela n'appartenait au peuple.

SCIPION. — Et quand les décemvirs, pendant leur troisième année de magistrature, commandaient ici sans appel, et que la liberté elle-même fut frappée de séquestre?

LÆLIUS. — La chose du peuple était nulle, et bientôt Rome dut s'armer pour reconquérir ses droits.

XX. — SCIPION. — J'arrive à la troisième forme de gouvernement, et nous rencontrerons là peut-être quelque difficulté.

Lorsque tout pouvoir est aux mains du peuple, seul maître, quand la multitude, arbitre souverain, inflige la mort, prononce l'emprisonnement, confisque les biens, règle les impôts, dispose des finances, à tous ces caractères peux-tu méconnaître une République, Lælius, car tout dépend alors du peuple, et nous voulons que la République soit la chose du peuple?

LÆLIUS. — Il n'est pas, au contraire, de système auquel je refuse plus énergiquement le nom de chose publique.

Si nous n'avons pas reconnu de véritable République à Syracuse, dans Agrigente, dans Athènes sous la domination des Trente, non plus qu'à Rome avec les décemvirs, comment en trouver une au milieu du despotisme de la multitude?

En effet, Émilien, je n'appelle : peuple, suivant ta définition si vraie, qu'une agrégation soumise aux mêmes lois; sinon cet assemblage d'hommes est aussi tyran qu'un seul homme, tyran d'autant plus cruel que rien n'égale en férocité l'hydre de l'anarchie qui prend les dehors et le nom de peuple, et si nos lois mettent le bien des insensés sous la curatelle de leurs proches parents, *comment laisser une multitude aveugle disposer du pouvoir?...*

XXI. — ... Pour donner ce nom de : chose du peuple, de République au gouvernement des optimates, les arguments ne semblent-ils pas les mêmes que les tiens en faveur de la monarchie ?

MUMMIUS. — Ils sont meilleurs; un pouvoir sans partage expose en effet les rois à ressembler à des maîtres, tandis que l'administration de plusieurs hommes vertueux, — une aristocratie d'élite, — constitue la plus heureuse des Républiques. Cependant je préfère encore la royauté à la domination du peuple entièrement libre, troisième système, le plus défectueux, et dont il reste à parler.

XXII. — SCIPION. — Je reconnais là, Mummius, ton aversion déclarée pour le gouvernement populaire, et quoique tu sois un peu sévère à cet égard, je t'accorde volontiers que, des trois formes politiques, ce mode est le moins digne d'approbation.

Quant à l'aristocratie, je ne puis la croire préférable à la royauté, car si la sagesse dirige l'État, qu'importe un ou plusieurs gouvernants ?

Une erreur de mots nous abuse. S'agit-il d'une constitution « aristocratique » l'idée de perfection se présente à notre esprit satisfait, car ce mot signifie : bon par excellence. Parlons-nous de rois, au contraire, on semble employer un synonyme de « prince injuste », tandis qu'une acception semblable n'est pas admissible au moment où nous examinons la nature du pouvoir royal en lui-même, et si tu penses à des souverains tels que Romulus, Numa, Tullus, peut-être ce gouvernement ne te paraîtra-t-il plus aussi condamnable.

MUMMIUS. — Quel mérite laisses-tu donc au système purement démocratique ?

SCIPION. — Dis-moi, Spurius, cette île de Rhodes, où nous étions dernièrement tous les deux, ne te semble-t-elle pas avoir une constitution républicaine ?

MUMMIUS. — Républicaine, et fort raisonnable.

SCIPION. — Eh bien, — tu ne l'as pas oublié, — là, chaque citoyen, tour à tour plébéien et sénateur, s'acquitte pendant quelque temps de ses devoirs populaires, remplit pendant quelques autres mois les fonctions sénatoriales, reçoit des droits de présence à ce double titre, et juge tantôt sur le théâtre, tantôt dans l'assemblée suprême depuis les causes capitales jusqu'aux moindres questions, sans que jamais cet équilibre entre le peuple et le Sénat ait été compromis...

LIVRE QUATRIÈME

LIVRE QUATRIÈME

I. — ... SCIPION. — Quelle sagesse dans cette distinction des citoyens par Ordres, par âges, par Classes pour les chevaliers, avec lesquels votent les sénateurs; utile division que trop de cupidités impatientes désireraient follement détruire, dans l'espoir de nouvelles largesses sur la valeur des chevaux qu'un plébiscite ferait rentrer à l'État...

II. — Combien d'autres dispositions habilement prises aussi pour assurer à chaque citoyen les avantages d'une vie heureuse et pure, car tel est le but de toute société, et le premier devoir d'un gouvernement consiste à conquérir ce résultat par l'alliance des mœurs et des lois!

Que voyons-nous, par exemple, à commencer par l'éducation des enfants de condition libre, — objet de tentatives si nombreuses, si vaines en Grèce, et le seul point sur lequel Polybe, notre hôte, accuse de négligence les coutumes romaines? Nos pères ne voulurent pas un enseignement fixe, déterminé par les lois, public, ni semblable pour tous...

III. — ... SCIPION. — *Nos vieilles mœurs interdisaient* au jeune homme pubère de se montrer nu dans le bain, et la pudeur jetait ainsi de profondes racines dans les âmes.

Chez les Grecs, au contraire, quelle absurde école, pour la jeunesse, ces exercices de leurs gymnases, quelle ridicule préparation aux travaux de la guerre, quels périls dans ces luttes indécentes, quelle audace dans leurs libres amours ! Et je ne parle pas de Thèbes ni d'Élée, où ce libertinage général est autorisé ; mais les Lacédémoniens, en permettant tout à cette passion, excepté la violence, n'élèvent qu'une bien faible barrière entre ce qu'ils tolèrent et ce qu'ils défendent, car souffrir les embrassements et les réunions nocturnes, c'est espérer contenir avec une draperie la démence bestiale d'un troupeau.

LÆLIUS. — Je le vois clairement, Scipion, dans cette critique des coutumes de la Grèce, tu préfères prendre à partie les peuples les plus renommés que lutter avec ton cher Platon, auquel tu ne fais pas même allusion...

IV. — SCIPION. — ... Si le goût public n'avait point autorisé une semblable licence, jamais la Comédie n'aurait fait applaudir sur la scène ses honteux excès, et les anciens Grecs se montrèrent donc conséquents dans leurs erreurs en permettant à l'acteur de dire tout ce qu'il voudrait, comme il le voudrait, et de désigner même les citoyens par leurs noms.

Aussi quel homme fut à l'abri de ses attaques, quelle gloire demeura sacrée? Châtier quelques-uns de ces flatteurs populaires, mauvais citoyens, tribuns séditieux, comme les Cléon, les Cléophas, les Hyperbolus, soit! — bien que pour de telles gens la flétrissure du censeur soit plus efficace que le stigmate du poëte; — mais voir outrager Périclès, qui si longtemps, et dans la paix et dans la guerre, avec un crédit si légitime, fut l'honneur de sa patrie, souffrir que ces vers ignominieux soient récités en plein théâtre, n'est-ce pas une inconvenance aussi étrange que si, parmi nous, Nævius ou Plaute eussent voulu diffamer les Scipions, et Cæcilius s'attaquer à Caton?

Nos lois des Douze-Tables, si avares de sentences capitales, édictent la peine de mort contre quiconque compose ou récite en public des vers injurieux et diffamatoires. N'est-ce pas justice, en vérité? Notre vie, soumise à l'examen légitime des magistrats! doit-elle servir de thème aux fantaisies des poëtes! S'il nous faut subir une accusation calomnieuse, que ce soit du moins avec la faculté de nous défendre, et cela devant un tribunal...

LIVRE CINQUIÈME

LIVRE CINQUIÈME

... Ennius a dit : « Rome doit sa puissance à ses mœurs, à ses grands hommes », et cette pensée du poëte, par sa précision, par sa vérité, prend à mes yeux le caractère d'un oracle.

Les plus illustres citoyens, en effet, sans nos anciennes institutions, et ces traditions antiques, sans le secours de nos héros, n'auraient jamais pu fonder ni maintenir aussi longtemps cette domination romaine étendant sur l'univers la terreur de ses armes et le bienfait de ses lois.

Aussi voyons-nous, au commencement de notre histoire, la force des usages héréditaires élever au pouvoir les hommes supérieurs, et ces hommes éminents perpétuer à leur tour les coutumes de leurs aïeux.

Notre siècle, au contraire, après avoir reçu la République comme un tableau toujours admirable, mais dont le temps commençait à ternir le coloris, non-seulement négligea d'en raviver les couleurs premières, mais ne s'inquiéta même pas d'en conserver au moins l'esquisse et comme les derniers contours.

Que reste-t-il de ces mœurs antiques auxquelles le poëte attribue la gloire de Rome? L'oubli qui les recouvre est si complet que loin de les pratiquer, on ne les connaît même plus.

Et nos modernes héros, en parlerai-je? Si nos institutions ont péri, c'est par le manque de grands citoyens; stérilité funeste, qu'il ne s'agit pas seulement d'expliquer, mais dont nous sommes responsables comme d'un crime capital, car nos vices ont suffi, sans autres coups de l'adversité, pour perdre cette République dont le nom seul aujourd'hui nous reste...

... *Rien n'était œuvre plus royale, aux yeux des Grecs*, que la recherche des règles de l'équité; elle impliquait l'interprétation du droit, et l'exercice de la justice par le prince.

Aussi de vastes et fertiles campagnes, — champs, bois, pâturages entretenus aux frais de l'Etat, — étaient-elles réservées à ces rois, comme domaine de la couronne, afin que le soin de leurs intérêts personnels ne pût les détourner des affaires du peuple, personne autre ne s'occupant des débats, des décisions judiciaires, et tout différend entre particuliers devant être tranché par une sentence du souverain.

Numa, surtout, me paraît avoir observé cet antique usage des rois de la Grèce, car ses successeurs, sans renoncer à ce devoir, prirent souvent les armes et s'occupèrent plus encore du droit de guerre. Aussi la longue paix du règne de ce prince fut-elle pour Rome la véritable mère de la justice et de la religion; on attribue même à Numa quelques lois qui, vous le savez, subsistent encore, et ce génie du législateur forme précisément l'un des caractères essentiels du grand citoyen que nous voulons définir.

I. — ... SCIPION. — ... *Supposons un fermier désireux de connaître* la nature des semences et des plantes, lui permettras-tu cette étude?

MANILIUS. — Oui, si l'ouvrage n'en souffre pas.

SCIPION. — Mais cette recherche doit-elle devenir sa préoccupation principale?

MANILIUS. — Non, car la culture de ses champs pourrait souvent languir, faute de travail.

SCIPION. — Eh bien, de même qu'un fermier connaît la nature du sol, de même qu'un intendant sait écrire, tous deux ne recherchant pas l'attrait seul de la science mais un but pratique, ainsi l'homme d'État peut étudier la législation et la jurisprudence, remonter même à leurs sources, mais il ne s'engagera pas dans un labyrinthe de mémoires, de rapports, de consultations. Intendant, fermier de la République, s'il possède une connaissance approfondie du droit absolu, — fondement de toute justice, — rien de mieux ! Mais qu'il ne s'occupe du droit civil qu'à l'exemple du pilote et du médecin utilisant l'astronomie et les sciences naturelles au profit de leur art, sans se laisser distraire en rien de leur véritable mission...

II. — ...Dans une semblable cité, chacun ambitionne la gloire et l'estime, chacun fuit l'opprobre et le déshonneur.

Et ce ne sont pas tant les menaces, les peines portées par les lois qui effrayent les bons citoyens, mais cet instinct de l'honneur gravé par la nature dans l'âme humaine, et qui rend si cruel un reproche mérité; noble sentiment, qu'un habile politique travaille à fortifier par l'opinion, à épurer encore par les institutions, par les mœurs, afin que la conscience du devoir nous soit toujours un frein plus puissant que la crainte !

Au reste, ces considérations se rapportent plus spécialement à l'amour de la gloire, sujet qui pourra trouver ailleurs d'autres développements...

III. — ...Quant à la vie privée, la sainteté du

mariage, la légitimité des enfants, le culte des pénates et des Dieux Lares au foyer de la famille assurent à tout citoyen son bien-être personnel au milieu de la félicité générale; d'où je conclus que le bonheur est impossible sans une bonne organisation sociale, et qu'il n'existe rien de plus fortuné qu'une République sagement établie..

LIVRE SIXIÈME

LIVRE SIXIÈME

I. — SCIPION. — .... Oui, la conscience de ses belles actions suffit au sage, comme la plus magnifique récompense de la vertu ; cependant cette vertu divine, sans ambitionner des statues que seul un peu de plomb retient sur leur base, ni ces lauriers du triomphe, si vite flétris, peut souhaiter un prix plus durable et dont rien ne ternisse l'éclat.

LÆLIUS. — Eh bien, ces couronnes?

SCIPION. — Puisque nous avons encore ce troisième jour de fête, permettez-moi tous *un dernier récit...*

II. — Lorsque j'arrivai en Afrique, tribun de la quatrième légion, vous le savez, sous le consul Manilius, mon premier soin fut de me rendre auprès du roi Massinissa, qu'une étroite et légitime amitié unissait à notre famille.

Dès qu'il m'aperçut, le vieillard m'embrassa, répandit quelques larmes, et levant les yeux au ciel :

« — Soleil, roi des astres, dit-il, et vous tous, Dieux de l'Olympe, grâces vous soient rendues, puisque je vois dans mon royaume, à mon foyer, avant de quitter ce monde, P. Cornélius Scipion, dont le nom seul me ranime, ce nom illustré par le vertueux et invincible héros dont le souvenir n'est jamais sorti de ma pensée ! »

Nous nous informâmes ensuite, lui de notre République, moi de son royaume, consacrant le reste de la journée à cet échange de nouvelles; puis, après un repas tout royal, notre conversation se prolongea de nouveau fort avant dans la nuit, car Massinissa, qui ne parlait que de l'Africain, se rappelait non-seulement toutes ses actions, mais ses moindres paroles; enfin, le besoin de repos nous sépara, et la double fatigue du voyage et d'une veillée si longue me jeta dans un sommeil plus profond que de coutume.

III. — Les sujets habituels de nos pensées et de nos discours produisent souvent, dans le sommeil, un phénomène semblable au songe raconté par Ennius à propos d'Homère, auquel se rapportaient ses méditations et ses entretiens de chaque jour.

C'est ainsi que, par un résultat probable de notre conversation, l'Africain m'apparut dans un rêve, — sous ces traits plus familiers à mes yeux par la contemplation de ses images que pour l'avoir vu lui-même, — et je l'avoue, en le reconnaissant, je frissonnai, mais il me dit avec douceur :

« — Bannis toute crainte, Scipion, et grave mes paroles dans ta mémoire ! »

IV. — Alors, me désignant Carthage, d'un lieu élevé, parsemé d'étoiles, tout resplendissant de lumière, il ajouta :

« — Vois-tu cette ville qui, forcée par moi d'obéir au peuple romain et ne pouvant se résigner au repos, renouvelle d'anciennes guerres ? Aujourd'hui, tu viens l'assiéger, presque soldat encore; dans le cours de ces deux années, consul, tu la renverseras, et conquerras ainsi par toi-même ce surnom que tu possèdes maintenant à titre seul d'héritage.

« Carthage détruite, lorsque tu auras obtenu le triomphe, exercé la censure, visité comme lieutenant du peuple romain l'Égypte, la Syrie, l'Asie, la Grèce, tu seras une seconde fois élu consul, en ton absence; tu finiras la plus grande de nos guerres par la ruine de Numance; puis, tes victoires t'ayant fait monter au Capitole, tu en redescendras au milieu des désordres provoqués dans la République par les menées de mon petit-fils. »

V. — « Alors, Scipion, alors il faudra déployer pour la patrie toutes les ressources de ton courage, de ton génie, de ta sagesse, car je vois à cette époque la marche du Destin presque incertaine.

« Lorsque ta vie mortelle aura fourni huit fois sept révolutions du soleil, quand ces deux nombres, — réputés parfaits l'un et l'autre, mais chacun par des raisons différentes, — auront complété pour toi, dans leur évolution naturelle, le chiffre fatal, Rome entière se tournera vers toi seul et vers ton nom; c'est toi que le Sénat, toi que les bons citoyens, toi que les alliés, toi que les Latins chercheront des yeux; tu seras l'homme duquel dépendra uniquement le salut de l'État; et dictateur, enfin, il te faudra de nouveau constituer la République, si tu parviens à échapper aux mains impies de tes proches. »

Lælius, à ces mots, poussa un cri d'effroi, et les autres assistants une exclamation douloureuse; mais Scipion, avec un sourire plein de douceur :

— Ne me réveillez pas, je vous en prie, calmez-vous et laissez-moi continuer.

VI. — « Pour que tu redoubles d'ardeur à défendre la République, ô mon fils, sache bien ceci : une place certaine et fixée à l'avance, une éternité de bonheur, attendent aux cieux les citoyens qui secoururent, sauvèrent, agrandirent leur patrie.

« Il n'est rien sur la terre, en effet, rien de

plus agréable aux regards du Dieu suprême qui régit l'univers, que ces réunions, ces sociétés d'hommes formées sous l'empire du droit et nommées cités; aussi les génies qui les gouvernent et les protégent partent-ils d'ici pour revenir dans ce séjour. »

VII. — Malgré le trouble dont j'étais saisi, moins par crainte de la mort que par l'horreur de la trahison des miens, je lui demandai cependant si lui-même, si mon père, vivaient encore, et tous ceux que nous regardons comme morts.

« — Dis plutôt que ceux-là seuls vivent, me répondit-il, qui se sont échappés des entraves du corps, véritable prison. Ce que vous appelez la vie, c'est la mort. Regarde : Paulus, ton père, vient vers toi. »

A sa vue, mes larmes coulèrent en abondance, mais lui m'embrassait et me défendait de pleurer.

VIII. — Aussitôt que, mes sanglots réprimés, je recouvrai la parole :

« — O le meilleur des pères, m'écriai-je, et le plus vénéré, puisque la vie est auprès de vous, comme Scipion me l'apprend, pourquoi languir sur la terre et ne pas me hâter de vous rejoindre?

« — C'est impossible; si le Dieu, dont toutes ces immensités forment le sanctuaire, ne te délivre lui-même de tes chaînes matérielles, l'accès de nos demeures te restera fermé.

« Les hommes ont été créés pour se montrer les gardiens fidèles du globe que tu vois au milieu de ce temple, et qu'on appelle la terre; leur âme, à cette condition, fut tirée de ces feux éternels que vous nommez astres et constellations, sphères mobiles, réglées par des intelligences divines, accomplissant avec une incroyable célérité leurs périodes circulaires.

« Ainsi donc, Publius, pour toi, pour tous les hommes religieux, c'est un devoir de retenir votre âme dans sa prison charnelle, et vous ne pouvez quitter la vie malgré l'ordre de votre bienfaiteur, sans avoir l'air de déserter la tâche humaine qui vous fut confiée par Dieu.

« Mais, dans cette vie, à l'exemple de ton aïeul, comme moi qui t'ai donné le jour, cultive la justice et la piété, vertus nécessaires pour les parents et les proches, et plus sacrées encore envers la patrie; tel est, mon fils, le chemin qui doit te conduire au ciel, dans l'auguste réunion des hommes vertueux délivrés des liens du corps, et habitant ce séjour d'immortalité. »

IX. — Mon père me montrait le cercle qui brille, éclatant de blancheur, au milieu des embrasements du ciel, et que vous nommez, d'après une tradition grecque, la Voie Lactée.

Là, combien de merveilles grandioses! J'admirais des étoiles que nous n'avons jamais entrevues d'ici-bas, et d'une grandeur impossible à soupçonner. La moindre de toutes, par exemple, celle qui, la plus éloignée du firmament et la plus voisine de notre globe, brillait d'une lumière empruntée, surpassait encore de beaucoup la grandeur de la terre. Et quant à la sphère terrestre, elle m'apparut alors si petite que j'eus honte de l'empire romain, notre empire qui, à son tour occupe sur cette surface un point à peine perceptible!

X. — Comme je m'absorbais dans cette contemplation :

— « Jusques à quand, reprit l'Africain, ton esprit restera-t-il attaché sur la terre, et ne vois-tu point dans quels sanctuaires te voilà parvenu ?

« Neuf cercles, ou plutôt neuf globes enlacés, composent la chaîne universelle, et le plus élevé dans les cieux, le plus lointain celui qui dirige, contient et embrasse tous les autres, est le souverain Dieu lui-même.

« A ce moteur suprême sont attachés les astres qui roulent avec lui d'un mouvement éternel, et plus bas resplendissent sept étoiles emportées d'une course rétrograde en opposition au mouvement du ciel.

« L'un de ces globes lumineux est celui que, sur terre, on appelle Saturne; au-dessous, brille Jupiter, la constellation bienfaisante et propice au genre humain, puis Mars, à la lueur sanglante et abhorrée.

« Vient alors, dans cette région moyenne, le soleil, chef, roi, modérateur des autres flambeaux célestes, âme et principe régulateur du monde, et qui, d'une grandeur prodigieuse, remplit l'immensité de sa lumière.

« Après lui, et comme une escorte, deux autres sphères, Vénus et Mercure; enfin, au dernier rang, enflammée aux rayons du soleil, roule la lune, au-dessous de laquelle il n'est plus rien que de corruptible et de mortel à l'exception de l'âme donnée aux hommes par un bienfait divin, tandis que dans les cercles supérieurs toutes choses restent éternelles. Quant à la terre, neuvième sphère, placée au centre du monde et le plus loin du ciel, elle est immobile, et tous les corps gravitent vers elle entraînés par leur propre poids. »

XI. — Plein de stupéfaction, je contemplais ce spectacle, et lorsque je pus me recueillir :

« — Quel est donc, lui demandai-je, le son qui frappe mon oreille avec tant de puissance, tant de douceur ?

« — C'est l'harmonie qui, par des intervalles inégaux mais savamment combinés, résulte de l'impulsion et du mouvement des sphères, et fondant les tons aigus avec les tons graves, de ces gammes variées compose un accord parfait.

« De si grandes masses ne sauraient se mouvoir en silence, et la nature a voulu qu'à chaque point extrême, si les notes hautes retentissent d'un côté, les notes basses résonnassent de l'autre.

« Ainsi, le premier monde stellaire, plus rapide en sa révolution, se meut avec un bruit strident, précipité, tandis que la lune, dans son cours inférieur, rend un son grave et lent. La terre, neuvième globe, reste immuable et muette au centre du monde, éternellement fixée dans la région la plus basse. Quant aux huit sphères mobiles parmi lesquelles deux sont à l'octave, — Mercure et Vénus, — elles produisent sept tons parfaitement distincts, et ce nombre septenaire forme en général le nœud de toutes choses.

« Les hommes éclairés qui, avec la lyre ou la voix, imitèrent cette harmonie, se sont ouvert une route vers ces régions célestes au même titre que tous les génies ayant cultivé, dans une vie mortelle, des sciences divines.

« Mais les oreilles humaines, trop pleines de ce concert universel, ne savent plus l'entendre, et d'ailleurs, chez vous autres mortels, l'ouïe est le plus imparfait des sens. Le Nil, se précipitant de hauteurs infinies à l'endroit que vous nommez les cataractes, par le bruit de sa chute assourdit les peuplades voisines; c'est ainsi que vous êtes incapables d'entendre cette prodigieuse harmonie formée par le mouvement rapide de l'univers, comme vous l'êtes également de supporter l'éclat du soleil, dont les rayons vous éblouissent et vous aveuglent. »

Et malgré mon admiration, comme je reportais quelquefois mes regards sur la terre :

XII. — « Quoi ! reprit l'Africain, en ce moment même tu contemples encore cette demeure des mortels, ta patrie d'un jour. Si petite, la terre ne t'apparaît-elle pas dans toute sa petitesse? Dédaigneux des choses humaines, élève alors et sans cesse tes yeux vers le ciel.

« Quelle vaste renommée, quelle célébrité digne de tes vœux peux-tu conquérir parmi les hommes? La terre, tu le vois, est à peine peuplée de loin en loin, et ces points habités, ces sortes de taches, des solitudes immenses les séparent; non-seulement les peuples divers, disséminés ainsi, ne peuvent communiquer entre eux, mais il en est même, tu le vois aussi, jetés sous d'autres latitudes, dans un hémisphère différent, et de ceux-là quelle illustration attendre jamais ! »

XIII. — « Tu remarques ces espèces de ceintures qui entourent et semblent revêtir la terre ? Il en est deux, placées aux points extrêmes, s'appuyant, chacune, sur un pôle du ciel, et couvertes des glaces d'un éternel hiver, tandis que celle du centre, la plus étendue, s'embrase de tous les feux du soleil.

Deux zones sont habitables : la zone australe, où se trouvent les peuples vos antipodes, monde entièrement étranger au vôtre; la zone septentrionale, où vous vivez, mais en y tenant si peu de place. Toute cette région, en effet, la vôtre, resserrée vers les pôles, plus large au centre, n'est qu'une petite île de toutes parts baignée par une mer qui s'appelle Atlantique, Grande Mer, Océan, comme disent les hommes, et tu peux juger si ces titres pompeux sont justifiés !

« Mais au cœur même de ces terres connues et habitées, ta gloire ou celle de quelqu'un des nôtres a-t-elle franchi les cimes du Caucase ou ces flots profonds du Gange ? Qui donc, dans le reste de l'Orient ou de l'Occident, aux confins du Septentrion ou du Midi, entendra répéter le nom de Scipion ? Ces pays refusés à votre ambition, vois alors dans quelles étroites limites votre vanité cherche à se donner carrière, et ceux-là mêmes qui parlent de vous, combien de temps en parleront-ils ! »

XIV. — « Supposons les générations futures scrupuleuses à léguer, comme un pieux héritage de leurs ancêtres, la renommée de chacun de nous à leurs descendants? Ces inondations, ces embrasements dont le retour est inévitable sur la terre, à certaines époques déterminées, ne permettraient point à notre gloire, je ne dis pas l'éternité, mais quelques années seulement. Et, d'ailleurs, à quoi bon occuper de ton nom les races à venir, lorsque les peuples qui nous ont précédés, aussi nombreux et certes meilleurs, n'en parlèrent jamais.

« Que dis-je! Parmi ceux mêmes auxquels ton nom parviendrait peut-être, pas un ne pourrait recueillir le souvenir d'une année entière. Si, d'après les calculs habituels, l'année vulgaire se mesure sur la révolution du soleil, c'est-à-dire le retour d'un seul astre, il faut, pour la révolution complète d'une année véritable, que tous les astres reviennent au point d'où ils sont partis une première fois, et ramènent, après de longs intervalles, la position primitive de toutes les parties du ciel; or, j'ose à peine dire combien une semblable année renferme de vos siècles humains.

« Le soleil parut jadis s'éclipser et s'éteindre, quand l'âme de Romulus pénétra dans ces sanctuaires; alors qu'il disparaîtra une seconde fois au même instant et au même point du ciel, toutes les sphères et toutes les planètes retrouvant aussi la même position, l'année sera révolue; mais sache que nous ne touchons pas encore, aujourd'hui, à la vingtième partie de cette année. »

XV. — « Si tu n'avais pas l'espoir d'être rappelé dans ce séjour, unique ambition des grandes âmes, que te resterait-il donc, et ta renommée terrestre, embrassant à peine le court espace d'une année, de quel intérêt te pourrait-elle être ?

« Tes regards, tes vœux, au contraire, montent-ils plus haut, et jusqu'à cette patrie éternelle ? Qu'importent alors les jugements du vulgaire, ne mets pas ton orgueil dans les récompenses humaines, et que l'attrait de la vertu, seulement, te conduise à la véritable gloire.

« Comment les hommes parleront de ta vie, cela les regarde, et certes ils en parleront; mais, tous ces discours, bornés à l'étroite enceinte de votre monde, ne se renouvellent pour personne; ils passent, ils meurent avec une génération, ils s'éteignent dans l'oubli de la postérité. »

XVI. — Lorsqu'il eut ainsi parlé :

« — O Scipion, lui dis-je, puisque les cieux s'ouvrent aux hommes ayant bien mérité de la patrie, moi qui dès l'enfance, marchant sur les traces de mon père et sur les tiennes, ne faillis jamais à votre gloire, par quels nouveaux efforts, aujourd'hui, ne mériterais-je pas une telle récompense!

« — Courage, ajouta-t-il, sache bien que tu n'es pas mortel et que ton corps seul est périssable. Cette forme extérieure ne compte pour rien; l'âme, voilà l'homme, et non cette enveloppe charnelle qui se peut toucher du doigt.

« Apprends-le donc, tu es Dieu! car c'est un Dieu, l'être actif qui sent, prévoit et se souvient, exerçant sur ce corps, son esclave, le même pouvoir, la même impulsion que le Dieu souverain sur l'univers; oui, c'est un Dieu, l'homme qui fait mouvoir, intelligence immortelle, ce corps mortel, comme le Dieu éternel anime lui-même un monde en partie périssable! »

XVII. — « Mouvement éternel, éternelle vie: un corps qui ne communique l'impulsion qu'après l'avoir reçue d'autre part, aussitôt qu'il s'arrête cesse infailliblement de vivre; mais l'être doué de forces spontanées n'est jamais interrompu dans ses évolutions, parce qu'il ne peut s'abandonner lui-même, et, bien au contraire, c'est en lui que toutes autres choses trouvent la source et le principe du mouvement.

Or, un principe n'a point d'origine, car c'est du principe que tout dérive, et il ne peut avoir lui-même aucun générateur, parce qu'un produit ne constitue pas un principe.

Mais un principe, n'ayant pas d'origine, ne saurait subir non plus de fin, et ne pourrait, s'il était détruit, ni renaître d'un autre principe, ni lui-même en créer un nouveau, puisqu'un principe forme pour toutes choses le premier point de départ nécessaire.

« Ainsi donc, le principe du mouvement réside en l'être qui se meut par lui-même, et ne peut, en conséquence, ni commencer, ni finir, sinon le ciel s'abîmerait et la nature entière resterait en suspens, sans retrouver aucune force motrice pour lui rendre l'impulsion primitive. »

XVIII. — « Et maintenant, si l'immortalité appartient, sans conteste, à l'être qui se meut par ses propres forces, peut-on nier que cette faculté ne soit un attribut de l'âme ?

« En effet, tout ce qui reçoit une impulsion externe est inanimé ; l'être animé, au contraire, agit par une puissance intérieure et personnelle ; voilà le caractère particulier, voilà bien l'essence de l'âme, et puisque, seule parmi tous les êtres, elle porte en soi le mouvement, il demeure évident qu'elle n'a pas d'origine, évident qu'elle est éternelle. »

XIX. — « Occupe-la donc aux choses les plus grandes, cette âme immortelle, et les plus grandes choses sont les soins donnés au salut de la patrie !

« Développée, fortifiée par de nobles travaux, elle montera d'un vol plus rapide vers ce séjour céleste, sa demeure naturelle ; elle y parviendra même plus tôt si, dans la prison du corps, ouvrant déjà ses ailes, par de sublimes méditations elle s'arrache aux soucis de la matière ; — tandis que les âmes des hommes qui, esclaves aveugles de leurs passions, s'abandonnent aux voluptés, violant ainsi les lois divines et humaines, ces âmes une fois dégagées des entraves du corps tourbillonnent misérables et sans cesse agitées autour de la terre, et ne reviennent dans ce séjour que purifiées par une expiation de plusieurs siècles ! »

A ces mots, l'apparition s'évanouit, et je m'éveillai..

FRAGMENTS

FRAGMENTS

LIVRE PREMIER

« Puisque la patrie est une source de tant de bienfaits, puisqu'elle est notre mère bien avant la femme qui nous a donné la vie, nous lui devons plus de reconnaissance qu'aux auteurs de nos jours. » — NONIUS, ch. V, § 17.

« Carthage n'aurait pas eu tant de puissance, pendant plus de six siècles, sans ses sages institutions. » — NONIUS, ch. XII, § 30.

« Toutes les spéculations de la philosophie, quelque source abondante de science et de vertu qu'elles renferment, quand on les compare aux actions, aux œuvres effectives des hommes d'État, font craindre qu'elles n'aient offert moins d'avantages réels au progrès humain qu'une distraction aux loisirs de ces philosophes. » — LACTANCE, liv. III, ch. XVI.

LIVRE DEUXIÈME

« Les Romains n'admirent pas Tullus au rang des Dieux, bien que sa mort offrît quelque ressemblance avec celle de Romulus, dans la crainte d'amoindrir, par une nouvelle apothéose, l'honneur fait à leur premier roi. » — Saint AUGUSTIN, *Cité de Dieu*, liv. III, ch. XV.

« La meilleure constitution politique est celle qui combine dans une juste mesure les trois principes de gouvernement royal, aristocratique, populaire, et qui n'irrite point par des châtiments corporels les âmes fières, les cœurs altiers. » — NONIUS, ch. IV, § 292.

« Les Romains ne pouvant supporter la domination d'un roi, créèrent une magistrature annuelle, exercée par deux chefs qui furent appelés *consules*, consuls, du verbe *consulere*, veiller, prévoir, et non pas *reges*, *domini*, rois, maîtres, dans le sens de *regnare* et *dominare*, régner, dominer. » — Saint AUGUSTIN, *Cité de Dieu*, liv. V, ch. XII.

« Combien de malheurs peut causer la colère chez l'homme investi d'un pouvoir absolu! C'est le sang qui coule à flots, c'est l'incendie de cités florissantes, c'est l'extermination de peuples entiers, ce sont de fertiles provinces changées en déserts! » — LACTANCE, *Colère de Dieu*, liv. V.

« Trois passions poussent l'homme à tous les crimes : la colère, qui appelle la vengeance; la cupidité, qui convoite les richesses, la lubricité, qui veut à tout prix satisfaire ses rêves voluptueux. » — LACTANCE, *Inst. Div.*, liv. VI, ch. XIX.

« L'âme peut se comparer à un attelage, et pour la diriger nous devons, comme c'est le devoir de tout conducteur, bien connaître la route. Dans la bonne voie, on peut aller vite et sans encombre; mais dévions-nous une fois du droit chemin, c'est en vain que nous modérerons notre allure, en vain que nous marcherons au pas, les ornières, les précipices sont inévitables, et tout au moins nous verrons-nous emportés loin de notre but. » — LACTANCE, *Inst. Div.*, liv. VI, ch. XVII.

LIVRE TROISIÈME

« La nature, plus marâtre que mère, a jeté l'homme dans la vie avec un corps nu, frêle, débile, avec une âme facilement inquiète, promptement abattue, molle au travail, accessible à tous les entraînements ; et toutefois, au fond de cette âme se retrouve comme ensevelie une étincelle divine de génie et d'intelligence. » — Saint AUGUSTIN, *contre J. le Pélagien*, liv. IV, ch. LX.

« La justice est un sentiment tout extérieur, une vertu pour ainsi dire en saillie, et qui se plaît, se consacre surtout à la défense des intérêts d'autrui. » — NONIUS, ch. IV, § 174, 374.

« Alexandre demandait à un pirate quel mauvais génie le poussait à infester les mers. « Le même, répondit ce dernier, qui te fait dévaster l'univers. » — NONIUS, ch. IV, § 226.

« Aucune guerre ne doit être entreprise, dans un État bien gouverné, sinon pour la défense d'une cause juste, ou pour son propre salut. » — Saint AUGUSTIN, *Cité de Dieu*, liv. XXII, ch. VI.

« ... Ces châtiments, dont les brutes mêmes ont si peur, la misère, l'exil, la prison, les verges, nous pouvons les éviter par une prompte mort ; mais pour un État, la mort qui affranchit les individus, est précisément un supplice, car un État doit avoir un principe d'éternelle durée, et pour lui la mort n'est pas naturelle comme pour l'homme, à qui elle devient nécessaire et souvent même désirable. » — Saint AUGUSTIN, *Cité de Dieu*, liv. XXII, ch. VI.

« C'est en défendant leurs alliés que les Romains ont conquis le monde. » — NONIUS, ch. IX, § 6.

« Ne voyez-vous pas la nature, partout, dans l'intérêt des faibles, donner le commandement aux êtres supérieurs? C'est ainsi que Dieu commande à l'homme, l'âme au corps, la raison à l'amour, à la colère, à toutes les convoitises qui nous agitent... Mais il faut connaître les nuances diverses du commandement et de l'obéissance. L'âme, par exemple, commande au corps et aux passions, mais son autorité sur le corps s'exerce comme celle d'un roi sur ses concitoyens, d'un père sur ses enfants, tandis que pour les passions qu'elle dompte et asservit, c'est l'empire absolu d'un maître sur ses esclaves! » — Saint AUGUSTIN, *contre J. le Pélagien*, liv. IV. ch. LX.

« La servitude est inique lorsque les sujets auraient le droit d'être les maîtres, mais il n'y a pas d'injuste domination si le peuple est incapable de se conduire. » — NONIUS, ch. II, § 213.

« Je le reconnais avec vous, la vertu du

sage est exempte d'inquiétude et de dangers. » — PRISCIEN, liv. VIII, p. 801.

« La nature ne permet pas qu'une chose née de la terre ne retourne point à la terre. » — Saint AUGUSTIN, *Cité de Dieu,* liv. XXII, ch. IV.

« Jamais un grand homme ne regrette d'avoir fait preuve de courage, d'activité, de persévérance. » — NONIUS, ch. II, § 434.

« Il y a dans le cœur humain je ne sais quel principe désordonné, que la joie exalte et que la douleur abat. » — NONIUS, ch. IV, § 178.

« Les Phéniciens, les premiers, par le commerce et leurs échanges, apportèrent en Grèce la soif de l'or, l'amour du luxe, l'insatiable avidité de tous les plaisirs. — NONIUS, ch. V, § 85.

« Notre Caton, se rendant à sa terre des Sabins, ne manquait jamais de visiter, nous disait-il, le foyer où Curius était assis quand les Samnites, naguère ses ennemis et devenus ses clients, vinrent lui offrir les présents qu'il sut refuser. » — NONIUS, ch. II, § 1; ch. XII, § 19.

LIVRE QUATRIÈME

« L'intelligence, qui sait prévoir l'avenir, se souvient aussi du passé. » — NONIUS, ch. IX, § 3.

« Qui donc ne préférerait pas mourir que d'être métamorphosé en quelque bête sauvage, tout en conservant l'intelligence humaine? Mais combien il est plus misérable encore de porter une âme bestiale avec le visage d'un homme, dernier malheur qui l'emporte sur l'autre de toute la différence qui place l'âme au-dessus du corps. » — LACTANCE, *Inst. Div.*, liv. V, ch. II.

« *Je ne puis croire que le* bonheur soit le même pour un bélier et pour Scipion l'Africain. » — Saint AUGUSTIN, *contre Julien*, liv. IV, ch. LX.

« *La terre*, dont l'interposition produit l'ombre et la nuit, nous indique ainsi la division des jours et le temps du repos. » — NONIUS, ch. IV, § 3.

« *La nature*, en automne, ouvre les entrailles de la terre pour recevoir le grain; elle lui laisse quelque répit, durant l'hiver, pour l'éclosion du germe, puis, l'été venu, *le soleil* adoucit, échauffe, mûrit les fruits. » — NONIUS, ch. IV, § 293.

« A tout jeune homme rejoignant l'armée on donnait un surveillant qui le dirigeait pendant la première année. » — SERVIUS, *Comment. sur l'Énéide*, liv. V, *v.* 546.

« ... Platon va plus loin encore que Lycurgue : il veut une communauté de biens si complète que pas un citoyen ne puisse dire : Ceci est ma propriété. » — NONIUS, ch. IV, § 346.

« *Je le traiterai, quant à moi*, comme lui-même il traite Homère, le couronnant de fleurs, le couvrant de parfums, et le chassant de sa République idéale. » — NONIUS, ch. IV, § 201.

« Le jugement du Censeur n'inflige d'autre châtiment que la honte d'un blâme, et comme c'est une flétrissure qui s'attache au nom seulement, cette pénalité s'appelle : « l'ignominie. » — NONIUS, ch. I, § 93.

« La sévérité de ces magistrats (les censeurs) leur valut d'abord la haine des citoyens. » — NONIUS, ch. V, § 7.

« Ne créons pas, comme chez les Grecs, d'inspecteurs chargés de surveiller les femmes, mais que le Censeur apprenne aux maris à gouverner leurs épouses. » — NONIUS, ch. IX, § 7.

« On voit ainsi la force d'une bonne éducation, car toutes les femmes s'abstiennent de vin... » — NONIUS, ch. I, § 14.

« Une femme dont la réputation n'était pas irréprochable se voyait refuser le baiser par ses parents. » — NONIUS, ch. IV, § 193.

« Je ne veux pas que le même peuple soit et le souverain et le péager de l'univers. Le meilleur revenu, selon moi, pour un État comme pour une famille, c'est l'économie. » — NONIUS, ch. I, § 65.

« Le mot *foi* me semble venir du verbe *faire*, parce qu'on fait ce qu'on a dit. » — NONIUS, ch. I, § 94.

« Le soin de flatter le peuple, de l'éblouir, de se l'attacher, chez un citoyen d'une illustre naissance ou d'un rang élevé, est le signe d'un caractère peu sûr. » — NONIUS, ch. III, § 27.

« Il n'existe ni terme ni mesure, pour un bon citoyen, dans son dévouement à la patrie. » — Saint AUGUSTIN, lettre XCI, § 3.

« J'admire non-seulement la sagesse de cette pensée, mais le choix heureux des expressions. La loi dit : *S'il y a querelle;* or, c'est un léger différend entre amis qui prend le nom de querelle, plutôt qu'un véritable procès entre ennemis. Le législateur a donc pensé qu'il peut y avoir contestation entre amis, mais jamais une action en justice. » — NONIUS, ch. V, § 54.

« *La loi protége les citoyens* au delà même de

leur mort, et c'est ainsi que le Droit Pontifical proclame la sainteté de la sépulture. » — NONIUS, ch. II, § 805.

« *Les Athéniens* mirent à mort leurs Stratéges, coupables seulement d'avoir laissé sans sépulture ceux de leurs soldats dont ils n'avaient pu disputer les cadavres à la mer, au plus fort d'une tempête. » — NONIUS, ch. IV, § 158.

« Dans cette scission, je n'ai pas embrassé la cause du peuple, mais celle des gens de bien. » — NONIUS, ch. XII, § 4.

« On ne résiste pas facilement au peuple devenu fort, soit qu'on lui refuse tous ses droits, soit qu'on lui en accorde trop peu... » — PRISCIEN, liv. XV, p. 1014.

« Quand une fois *les poëtes* ont conquis les applaudissements et la confiance du peuple, — un maître sage et profond ! — de quelles ténèbres ils l'environnent, de quelles terreurs ils le frappent, de quelles passions ils enflamment ses esprits ! » — Saint AUGUSTIN, *Cité de Dieu*, liv. II, ch. XIV.

« Ma vie fût-elle doublée, je ne trouverais pas encore le temps de lire tous les poëmes lyriques *de la Grèce*. » — SÉNÈQUE, lettre XLIX.

« *Nos ancêtres*, regardant comme une honte la profession d'acteur, et tout ce qui touchait en général aux jeux publics, voulurent que cette espèce d'hommes fût privée des droits civiques, et rayée des Tribus par une note du Censeur. » — Saint AUGUSTIN, *Cité de Dieu*, liv. II, ch. XIII.

« Autrefois on ne permettait pas, à Rome, qu'un homme vivant fût exposé, sur la scène, au blâme ou aux éloges publics. » — Saint AUGUSTIN, *Cité de Dieu*, liv. II, ch. IX.

« La comédie est le tableau de la vie, le miroir des mœurs, l'image de la vérité. » — DONATUS, *sur la Comédie et la Tragédie.*

« Eschine d'Athènes, l'éloquent orateur, bien que dans sa jeunesse il eût joué la comédie, n'en prit pas moins part au gouvernement, et Aristodème, acteur tragique aussi, fut envoyé souvent comme ambassadeur à Philippe, pour traiter des plus hautes questions de paix ou de guerre. » — Saint AUGUSTIN, *Cité de Dieu*, liv. II, ch. XI.

LIVRE CINQUIÈME

« Cependant, ainsi qu'un bon père de famille doit avoir quelque connaissance en agriculture, en architecture, en calcul.... » NONIUS, ch. IX, § 5.

« .... Le pilote souhaite une heureuse traversée, le médecin désire la guérison de ses malades, le général ambitionne la victoire; le chef d'un État, lui, rêve de faire la vie heureuse à tous ses concitoyens, une existence sauvegardée par l'ordre, enrichie par l'abondance, illustrée par la gloire, ennoblie par la vertu; oui, telle est l'œuvre la plus grande et la plus utile qu'il nous soit donné d'accomplir ici-bas, et que je veux lui voir mener à bonne fin. » — CICÉRON, citation, *Lettres à Atticus*, liv. VIII, lettre II.

« Il faut donner pour aliment, au chef de l'État, l'amour de la gloire, passion qui fit accomplir à nos ancêtres les exploits les plus brillants, les plus merveilleux. » Saint AUGUSTIN, *Cité de Dieu*, liv. V, ch. XIII.

« Une Cité reste debout aussi longtemps que le pouvoir y est respecté. » — PETRUS PICTAVIENSIS, *Epist. ad Culumn.*

« Cette gloire, on ne l'acquiert que par la vertu, le travail, une vie active et cette intime fierté que la nature inspire aux âmes bien nées. » — NONIUS, ch. IV, § 2.

« Cette vertu s'appelle courage; elle suppose la grandeur d'âme et un profond mépris de la douleur comme de la mort. » — NONIUS, ch. III, § 70.

« Impétueux, Marcellus était toujours prêt à combattre; Fabius réfléchissait et temporisait. » — NONIUS, ch. IV, § 281.

« Rien, dans un État, ne doit être plus sauvegardé de la corruption que les suffrages des citoyens et les arrêts des tribunaux. Je ne saurais dès lors comprendre pourquoi le châtiment réservé à l'homme qui les corrompt par l'argent, et la gloire acquise à celui qui les corrompt par l'éloquence. Quant à moi, ce dernier genre de corruption me semble plus funeste; l'argent en effet n'a pas de prise sur la conscience d'un homme de bien, tandis que l'éloquence peut s'emparer de son esprit. » — AMMIEN MARCELLIN, liv. XXX, ch. IV.

« Le discours de Scipion obtint l'approbation de Mummius, qui avait la plus grande haine contre les rhéteurs. » — NONIUS, ch. XII, § 13.

LIVRE SIXIEME.

« Il faut donc compter sur toute la prudence du chef de l'État, vertu dont le nom vient du verbe *prévoir*... » — NONIUS, ch. I, § 198.

« Le devoir d'un pareil citoyen est d'être toujours armé contre ce qui peut troubler la tranquillité publique. »— NONIUS, ch. IV, § 64.

« Cette division des citoyens, séparés en différents partis, s'appelle sédition. » — SERVIUS, *Comment. sur l'Énéide*, liv. I, v. 149.

« Comme les bons ont une bien autre importance que les méchants, il faut, dans les discordes civiles, peser les citoyens plutôt que les compter. » — NONIUS, ch. XII, § 4.

« Les passions tyranniques, maîtresses de notre âme, la poussent toujours aux partis extrêmes, et comme il est impossible de les satisfaire et de les assouvir, elles entraînent à tous les crimes ceux qu'elles ont une fois enivrés de leurs séductions. »— NONIUS, ch. IV, § 13.

« Nos ancêtres voulurent toujours établir sur des bases solides l'institution du mariage. » — PRISCIEN, liv. XV, p. 1010.

FRAGMENTS

SANS PLACE DÉTERMINÉE.

« Ce qu'il nous faut désirer avant tout, c'est une prospérité constante, et cependant la monotonie de ce bonheur a moins de charmes que le retour d'une situation cruelle et désespérée à une meilleure fortune. » — AMMIEN MARCELLIN, liv. XV, ch. V.

« Une cité n'est qu'une agglomération d'hommes réunis par la concorde. » — Saint AUGUSTIN, *Cité de Dieu*, liv. I, ch. XV.

« ... — Si jamais, pour un mortel, l'Olympe a dû s'ouvrir, c'est pour moi, pour moi seul !... — Oui, Scipion, pour toi s'ouvrira la même porte qui s'est ouverte pour Hercule... » — SÉNÈQUE, lettre CVIII.

« Il est difficile, Fannius, de louer un enfant, car les éloges ne s'adressent alors qu'à une espérance. » — SERVIUS, *Comment. sur l'Énéide*, liv. VI, v. 877.

TABLE DES MATIÈRES

—

Paris. — Imprimerie Nouvelle (assoc. ouv.), 11, rue Cadet.
A. Mangeot, directeur.

Parny. Guerre des Dieux. Le Paradis perdu...... 1
Pascal. Pensées 1
— Lettres provinciales .. 2
Perrault. Contes 1
Pétrarque. Mon Secret... 1
Pierre Leroux. Malthus et les Economistes........ 2
Pigault-Lebrun. Citateur. 1
— Mon Oncle Thomas... 2
— L'Enfant du Carnaval. 2
Piron. La Métromanie ... 1
Platon. Apologie de Socrate Criton Phédon.. 1
Plutarque. Vies de César, Tibérius et Caïus Gracchus...... 1
— Vies de Pompée. Sertorius..................... 1
— Vies de Démosthène, Cicéron, Caton le Censeur. 1
— Vies de Marcellus, Marius, Sylla. 1
— Vies de Périclès, Fabius Maximus, Coriolan...... 1
Prévost. Manon Lescaut. 1
Quinte-Curce. Histoire d'Alexandre le Grand... 3
Rabelais. Œuvres........ 5
Racine Esther. Athalie.. 1
— Phèdre. Britannicus... 1
— Andromaque. Plaideurs 1
— Iphigénie. Mithridate.. 1
— Bérénice. Bajazet..... 1
Regnard. Voyages........ 1
— Le Joueur. Les Folies. 1
— Le Légataire universel. 1
Roland (*Mme*). Mémoires.. 4
Rousseau (*J.-J.*). Emile, 4 v.; Contrat social, 1 v.; De l'Inégalité, 1 v.; La Nouvelle Héloïse, 5 v.; Confessions, 5 v.; Rêveries du Promeneur solitaire.... 1
Saint-Réal. Don Carlos. 1
Salluste. Catilina. Jugurtha 1
Scarron. Roman comique. 3
— Virgile travesti....... 3
Schiller. Les Brigands... 1
— Guillaume Tell....... 1
Sedaine. Philosophe sans le savoir. La Gageure. 1
Sévigné (*Mme de*). Lettres choisies........... 2
Shakespeare. Hamlet, 1 v.; Roméo et Juliette, 1 v.; Othello, 1 v.; Macbeth, 1 v.; Le Roi Lear, 1 v; Le Marchand de Venise, 1 v.; Joyeuses Commères, 1 v.; Le Songe d'une Nuit d'été, 1 v; La Tempête, 1 v.; Vie et Mort de Richard III, 1 v.; Henry VIII, 1 v.; Beaucoup de bruit pour rien 1 v.; Jules César........ 1
Sheridan. L'Ecole de la Médisance........ 1
Sophocle. Œdipe-Roi. Antigone... 1
Sterne. Voyage sentimental 1
— Tristram Shandy...... 4
Suétone. Douze Césars... 2
Swift. Voyages de Gulliver. 2
Tacite. Mœurs des Germains. Vie d'Agricola... 1
— Annales de Tibère..... 2
Tasse. Jérusalem délivr. 2
Tassoni. Seau enlevé.... 2
Théroulde. La Chanson de Roland.................
Tite-Live. Hist. de Rome.
Vauban. La Dîme royale.
Vauvenargues. Choix 1
Virgile L'Enéide......... 2
— Bucoliques et Géorgiq. 1
Volney. Les Ruines. La Loi naturelle 2
Voltaire Charles XII, 2 v.; Siècle de Louis XIV, 4 v.; Histoire de Russie, 2 v; Romans, 5 v.; Zaïre, Mérope, 1 v.; Mahomet, Mort de César, 1 v; La Henriade, 1 v.; Contes en vers et Satires, 1 v.; Traité sur la Tolérance, 2 vol.; Correspondance avec le roi de Prusse.. 1
Xénophon. Retraite des Dix Mille (Anabase).... 1
— La Cyropédie......... 2

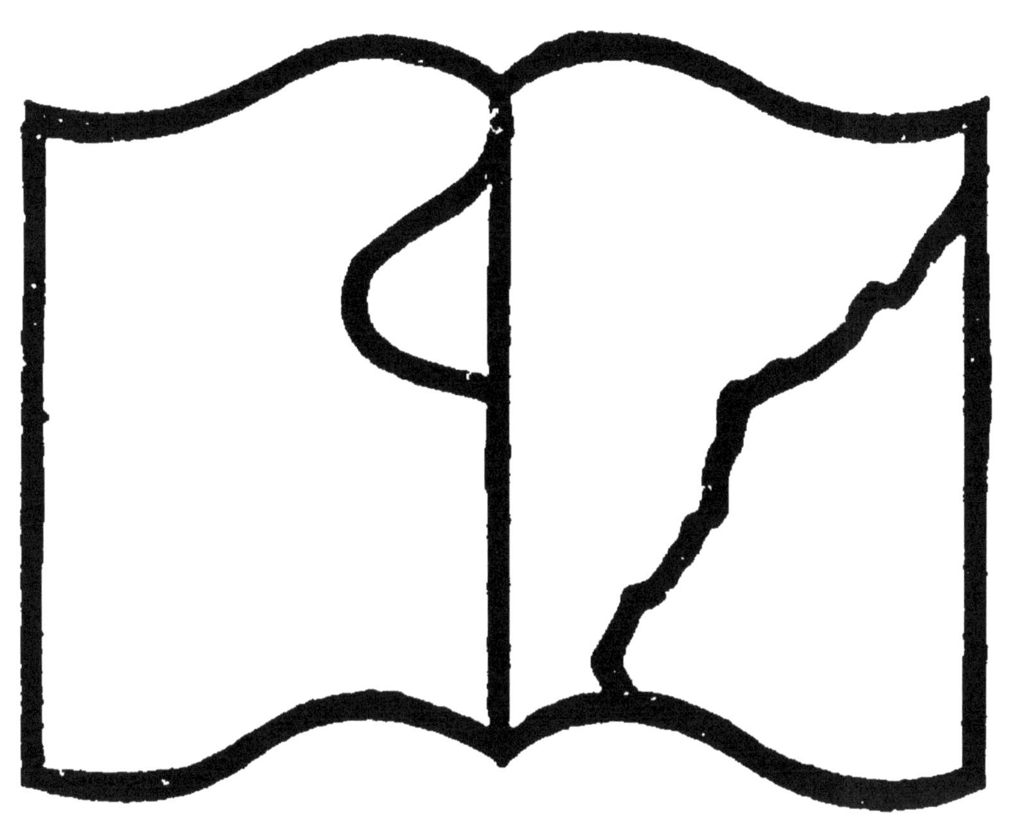

Texte détérioré — reliure défectueuse

NF Z 43-120-11

www.ingramcontent.com/pod-product-compliance
Ingram Content Group UK Ltd.
Pitfield, Milton Keynes, MK11 3LW, UK
UKHW021043200726
13857UKWH00003B/790